Stéphanie Dord-Crouslé

FLAUBERT

ITINÉRAIRE D'UN ÉCRIVAIN NORMAND

En partenariat avec le département de la Seine-Maritime,
à l'occasion du bicentenaire de la naissance de Gustave Flaubert

Gallimard HORS SÉRIE DÉCOUVERTES

« Il n'existe de moi aucun portrait », affirme Flaubert. Il est pourtant photographié ici par Carjat autour de 1860.

Flaubert, un reclus rêvant d'ailleurs

À Croisset, Flaubert rêve d'ailleurs ; en Orient, il regrette la Normandie. Mondain à Paris, il aspire à retrouver la solitude de son cabinet. Il n'aime pas sa ville natale et pourtant il reviendra toujours vers elle.

Gustave Flaubert naît à Rouen le 12 décembre 1821 dans le logement occupé par sa famille dans une aile de l'Hôtel-Dieu. Il est le fils du chirurgien en chef de cet hôpital où il grandit entouré d'un frère de presque neuf ans son aîné, Achille, qui marche sur les traces de leur père, et d'une plus jeune sœur qu'il adore, Caroline. Si apprendre à lire lui coûte beaucoup de peine, l'envie d'« écrire des histoires » le saisit très tôt. En 1832, il entre au Collège royal (actuel lycée Corneille). Gustave est un élève doué, qui supporte mal la discipline, mais pour qui les compositions scolaires sont un entraînement fécond : dès 1834, il rédige ses premières œuvres personnelles empreintes d'un romantisme noir et de fantastique. Pendant les vacances scolaires, il laisse libre cours à sa passion pour le théâtre : avec Caroline et des amis, parmi lesquels Alfred Le Poittevin (dont l'influence philosophique sera décisive) et sa sœur Laure (future mère de Maupassant), il transforme le billard familial en scène où vocifère le personnage du Garçon, une création collective incarnant la bêtise bourgeoise. Cette « nature de saltimbanque » ne se démentira jamais et, tous les automnes, Flaubert ira flâner devant les baraques de la foire Saint-Romain où des marionnettes donnent vie à l'histoire de saint Antoine et son cochon.

Les apprentissages

Lors des grandes vacances, la famille se rend à Trouville. En 1836, sur la plage, Gustave fait la connaissance d'Élisa Schlesinger, jeune femme âgée de 26 ans dont il s'éprend secrètement. Cet amour impossible nourrira de nombreux personnages de ses romans, des *Mémoires d'un fou* à *L'Éducation sentimentale.* En 1840, malgré son exclusion du lycée pour indiscipline, Flaubert est reçu bachelier ès lettres. Pour le récompenser, ses parents lui offrent son premier grand voyage qui le conduit pendant deux mois dans les Pyrénées, dans le Midi et en Corse où il « hume le soleil comme un grand bain de lumière ». De retour à Rouen en novembre, Gustave met à profit une année sabbatique pour composer, à partir de ses notes, son premier récit de voyage. Mais il doit reprendre ses études et c'est au droit

Admiré par son fils qui s'en inspire pour le personnage du Dr Larivière dans *Madame Bovary*, le Dr Achille-Cléophas Flaubert (1784-1846) fut un professeur de médecine apprécié de ses élèves et un praticien très aimé des Rouennais.

que sa famille le destine, contre son gré. Il s'installe à Paris en novembre 1841 où il profite surtout des à-côtés de la vie estudiantine, en particulier des maisons closes auxquelles Le Poittevin l'initie. Le droit est pour lui un véritable pensum et s'il parvient à réussir ses examens de première année, il échoue aux suivants : il consacre en fait son temps à la rédaction de sa plus importante œuvre de jeunesse, *Novembre*, restée inédite de son vivant. Il est aussi devenu ami avec Maxime Du Camp et avec le sculpteur James Pradier chez qui il rencontre Victor Hugo : « l'homme qui m'a le plus fait battre le cœur depuis que je suis né ». Surtout, il est dorénavant certain de sa vocation littéraire. Reste à convaincre sa famille. C'est une brutale crise nerveuse qui lui permet d'arrêter ses études de droit ; elle le terrasse en janvier 1844, dans un cabriolet entre Pont-l'Évêque et Honfleur. Dorénavant, il est libre de se consacrer à la littérature et vivra longtemps de ses rentes, le Dr Flaubert ayant été un chirurgien respecté et un propriétaire terrien avisé.

En mars 1845, sa sœur Caroline épouse l'un des anciens condisciples de son frère au Collège royal, Émile Hamard. Avec ses parents, Gustave accompagne les jeunes mariés dans leur voyage de noces qui les conduit jusqu'en Italie. À Gênes, il tombe en arrêt devant un tableau alors attribué à Pieter Brueghel le Jeune, *La Tentation de saint Antoine*, auquel il ne cessera dès lors de songer. Mais bientôt s'ouvrent des jours difficiles. Le Dr Flaubert meurt d'une septicémie le 15 janvier 1846. Une semaine après, Caroline donne naissance à une fille, prénommée Désirée-Caroline, avant d'être emportée par une fièvre puerpérale. Gustave et sa mère, anéantis, se retrouvent seuls avec un nourrisson que Mme Flaubert va élever, le père donnant des signes de dérangement mental. Ils s'installent alors dans la maison que le Dr Flaubert avait achetée quelques mois auparavant, à Croisset. L'atmosphère y est lourde en dépit des visites régulières de Louis Bouilhet, ancien camarade de classe de Gustave, avec qui le jeune homme parle littérature. De passage à Paris, Gustave rencontre la femme de lettres Louise Colet : ils nouent une première relation amoureuse, surtout épistolaire, ponctuée de rares rencontres clandestines. En mai 1847, Mme Flaubert accepte que son fils s'éloigne d'elle quelques semaines pour un voyage en Touraine, Anjou et Bretagne avec son ami Du Camp. Le grand air lui fait du bien. À leur retour, les jeunes gens rédigent à quatre mains *Par les champs et par les grèves*. En février 1848, ils observent à Paris la révolution en cours ; mais en avril, Alfred Le Poittevin meurt : c'est un déchirement ; Flaubert veille sa dépouille. Il commence alors la rédaction de *La Tentation de saint Antoine* qu'il achève en septembre 1849. Convoqués à Croisset pour une lecture qui durera quatre jours, Du Camp et Bouilhet éreintent l'œuvre : « Nous pensons qu'il faut jeter cela au feu et n'en jamais reparler. » Cette sentence porte à l'auteur « un coup affreux ». Heureusement, Maxime réussit à convaincre Mme Flaubert de laisser son fils l'accompagner dans un grand voyage en Orient, Orient auquel Gustave aspire depuis toujours (« J'étais fait pour y vivre »). Partis de Paris fin octobre, les deux amis remontent le Nil jusqu'à la deuxième cataracte qu'ils atteignent en mars 1850 ; à Esneh, ils font la rencontre de la courtisane Kuchiuk-Hanem qui les éblouit lorsqu'elle leur apparaît, « la lumière l'entourant, et se détachant sur le fond bleu du ciel ». C'est ensuite la Syrie, Rhodes et l'Asie mineure. Ils arrivent à Constantinople en novembre, traversent la Grèce et atteignent Naples en février 1851. Flaubert est de retour à Croisset en juin où il commence par mettre au propre ses nombreuses notes.

Naissance d'un écrivain

Mais le périple lui a surtout permis de surmonter la déconvenue causée par *La Tentation de saint Antoine*. Parmi plusieurs projets, il en choisit un à l'exact opposé du précédent : ce sera *Madame Bovary* où il a, entre autres, « la prétention de peindre Rouen ». Les lettres qu'il envoie quasi quotidiennement à Louise Colet, avec qui

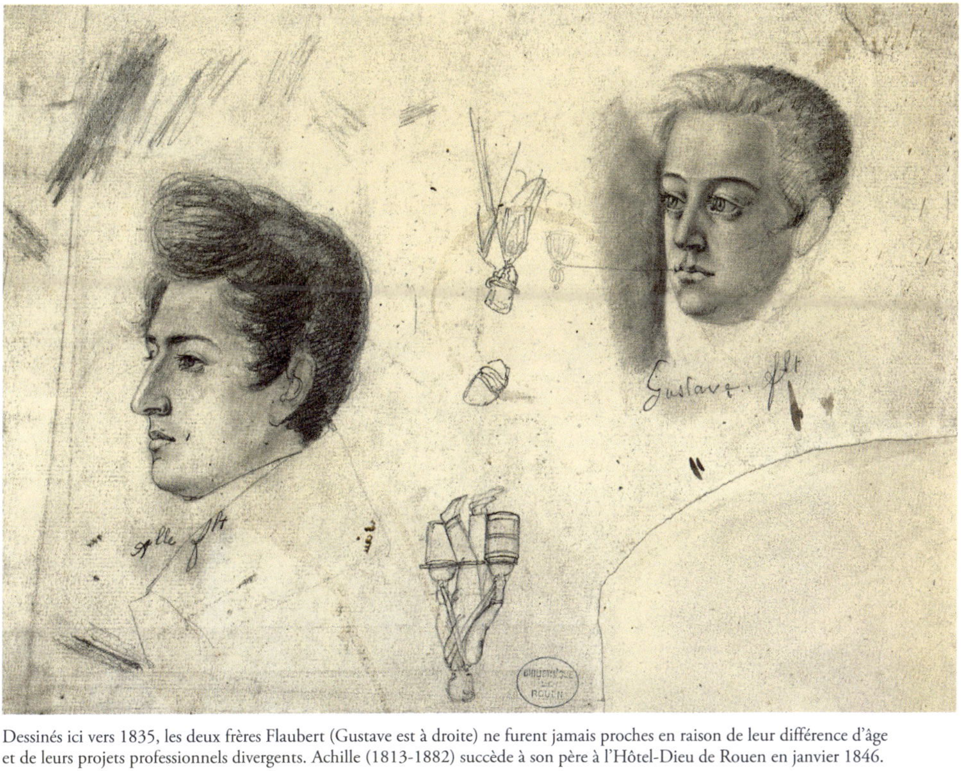

Dessinés ici vers 1835, les deux frères Flaubert (Gustave est à droite) ne furent jamais proches en raison de leur différence d'âge et de leurs projets professionnels divergents. Achille (1813-1882) succède à son père à l'Hôtel-Dieu de Rouen en janvier 1846.

il a renoué, forment comme le journal de son écriture. Flaubert se terre dans la solitude de Croisset, travaillant d'arrache-pied («Je gâche un papier considérable – que de ratures! La phrase est bien lente à venir») et ne s'accordant que quelques courts séjours de détente dans la capitale. Presque chaque dimanche, il reçoit cependant la visite de Bouilhet avec qui il revoit le travail de la semaine écoulée. Durant l'hiver 1855, il passe plusieurs semaines à Paris, habitude qu'il conservera par la suite. Enfin, au terme de cinquante-six mois de labeur et après avoir noirci plus de deux mille deux cents feuillets, il vend son manuscrit à la *Revue de Paris*. Redoutant la censure, la revue impose de si nombreuses coupures que Flaubert exige l'insertion d'une note avertissant les lecteurs de ne voir là «que des fragments et non pas un ensemble». Mais cela ne suffit pas : l'auteur est poursuivi pour atteinte aux bonnes mœurs et à la religion. Le procès a lieu le 29 janvier 1857. Marqué par un violent réquisitoire du procureur Pinard et une superbe plaidoirie de l'avocat rouennais Senard, il se conclut par un acquittement. Le battage médiatique est favorable aux ventes du roman qui paraît en volume au mois d'avril. Flaubert est «lancé» et, tout en restant fidèle aux anciens comme son «cher vieux maître» Théophile Gautier, il fréquente dorénavant d'autres écrivains célèbres comme Sainte-Beuve, Ernest Renan ou les frères Goncourt qu'il surnomme affectueusement ses «bichons» mais qui le peignent dans leur *Journal* sous les traits d'un «sauvage Normand» chez qui l'artiste n'est qu'apparence – «Le Normand, par moments, éclatait».

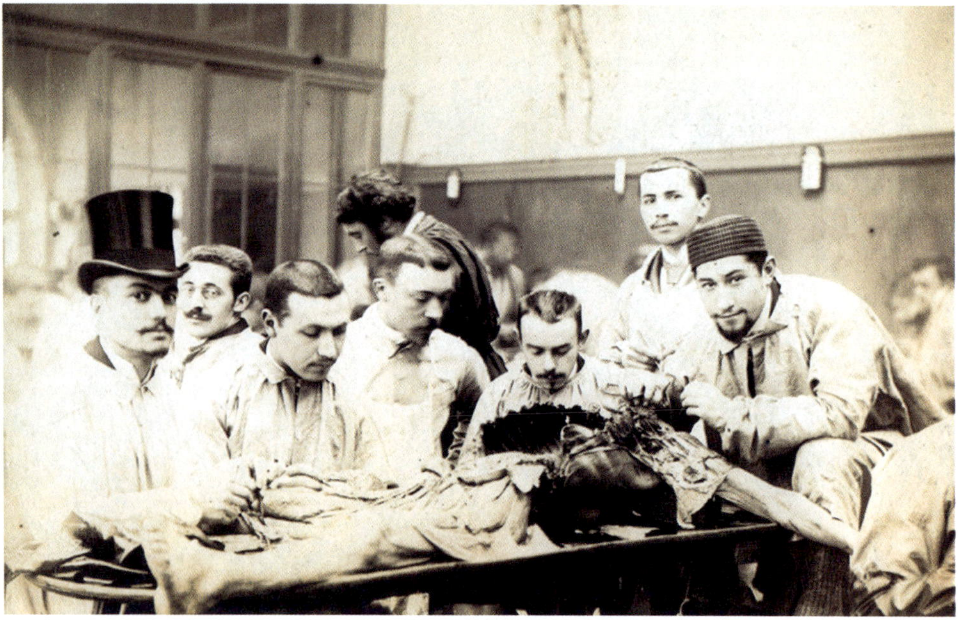

Par une fenêtre du jardin, Gustave a une vue plongeante sur l'amphithéâtre d'anatomie de l'Hôtel-Dieu. Il y observe «curieusement les cadavres étalés» et voit là l'origine de ses «allures à la fois funèbres et cyniques». Photographie, 1891.

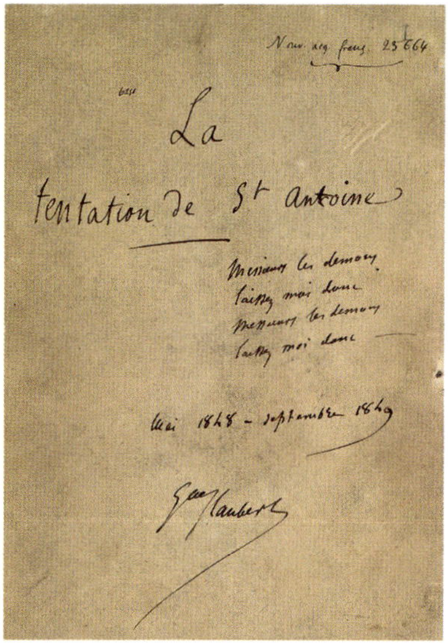

La première version de *La Tentation de saint Antoine* (1849) est la dernière œuvre que Flaubert rédige sans établir de programme. Ensuite, il se préoccupera du « fil » (le plan et la conception d'ensemble) autant que des « perles » du collier.

Dès le printemps 1857, Flaubert commence des recherches documentaires pour son prochain roman, *Salammbô*. Une première ébauche de rédaction échoue : il se rend compte qu'il a besoin de voir ce qu'il veut décrire et part « tout heureux » (« Je vais de nouveau vivre à cheval et dormir sous la tente ») en avril 1858 pour la Tunisie d'où il revient avec un carnet de voyage rempli de croquis et de notes. Ce roman de couleur pourpre (« Je sue du sang, je pisse de l'huile bouillante, je chie des catapultes et je rote des balles de frondeurs ») est terminé en avril 1862. Les critiques sont souvent hostiles. Flaubert doit en particulier répondre aux articles sévères de Sainte-Beuve qui lui reproche sa cruauté et à la polémique lancée par l'archéologue Guillaume Frœhner. Il peut cependant compter sur le soutien indéfectible de George Sand avec qui il noue une amitié profonde : « j'éprouve pour vous une tendresse *particulière* et que je n'ai ressentie pour personne jusqu'à présent », lui écrit-il en 1866. Le roman remporte un indéniable succès public : tout le monde en parle, jusqu'à l'impératrice qui souhaite se costumer en Salammbô ! Flaubert fait son entrée dans le grand monde ; il est invité aux Tuileries et devient un familier de la princesse Mathilde. Il participe aux dîners qui réunissent des hommes de lettres et des artistes au restaurant Magny. Il y fait la connaissance de l'écrivain russe Ivan Tourgueniev qui deviendra son « bon géant ».

En avril 1864, la jeune Caroline épouse Ernest Commanville, un marchand de bois originaire de Dieppe. Son départ de Croisset affecte son oncle et plus encore sa grand-mère. Mais l'écrivain se remet bientôt au travail dans sa retraite : le 1er septembre, il commence à rédiger un « roman parisien ». Il continue néanmoins à passer les mois d'hiver dans la capitale où il fréquente le monde des théâtres, ses confrères écrivains et la haute société : il reçoit tous les dimanches (les Goncourt, Feydeau, Gautier, Tourgueniev, Taine et bientôt Maupassant sont des habitués). Le 15 août 1866, la Légion d'honneur lui est décernée.

Deuils et défaite

En mai 1869, *L'Éducation sentimentale* est enfin terminé. Flaubert espère pouvoir faire relire le texte entièrement achevé à celui qu'il appelle sa « conscience littéraire ». Mais Bouilhet s'éteint le 18 juillet après une longue maladie ; Flaubert est dévasté par cette nouvelle perte. Le roman paraît en novembre ; il n'est pas compris et les critiques sont mauvaises.

Dès le mois de juin, le romancier a repris, pour la troisième fois, les dossiers de *La Tentation de saint Antoine*, « l'œuvre de toute [sa] vie », tout en s'occupant de perpétuer la mémoire de Bouilhet.

Maxime Du Camp, île de Philae, avril 1850, photographie. Flaubert y séjourne alors et s'y ennuie : « Qu'est-ce donc, ô mon Dieu, que cette lassitude permanente que je traîne avec moi ! elle m'a suivi en voyage ! »

Il rédige une préface pour le recueil de ses pièces inédites (*Dernières chansons*) et veut faire ériger un monument en son honneur mais la municipalité de Rouen lui refuse un emplacement. Flaubert laisse libre cours à son ire dans une lettre ouverte publiée par *Le Temps* le 26 janvier 1872. Par ailleurs, l'année qui suit l'échec de *L'Éducation sentimentale* est assombrie par de nouveaux deuils. Dans le contexte de la guerre franco-prussienne, Croisset est occupé. Pour les protéger, Flaubert enterre dans le jardin les manuscrits de *La Tentation de saint Antoine*. Heureusement, les liens avec Edmond Laporte se resserrent : cet ami connu depuis 1865 prend la place laissée vacante par Bouilhet. Une fois l'armistice signé, Flaubert se remet à *La Tentation de saint Antoine*, exaspéré par la marche des affaires publiques et en particulier par l'épisode de la Commune (« On aurait dû [...] forcer ces sanglants imbéciles à déblayer les ruines de Paris, la chaîne au cou, en simples forçats »). Le 6 avril 1872, Mme Flaubert meurt. Dans son testament, elle laisse la maison de Croisset à sa petite-fille Caroline, à condition que Gustave conserve la jouissance de ses appartements sa vie durant. C'est une sécurité toute relative ; une nouvelle ère s'ouvre pour Flaubert : il est dorénavant dépendant de sa nièce et surtout des affaires fluctuantes de son neveu...

Le roman testament

Flaubert reprend alors le projet ébauché en 1863 d'un « roman encyclopédique en farce » dans lequel il pourra « cracher le fiel » qui l'étouffe, c'est-à-dire « émettre quelques vérités » : ce sera *Bouvard et Pécuchet.* Il commence une campagne de grandes lectures qui l'occupe de juillet 1872 à juillet 1874. Au total, il lira plus de mille cinq cents ouvrages ! Une fois *La Tentation de saint Antoine* publié, il commence la rédaction de son nouveau roman le 1er août 1874. Mais au printemps suivant, les difficultés s'accumulent. Les affaires d'Ernest Commanville périclitent et mettent gravement en péril l'existence matérielle de l'écrivain qui doit se séparer de sa dernière propriété, une ferme à Deauville. Seules les garanties données par le fidèle Laporte permettent d'éviter une faillite infamante et la vente de Croisset. Jusqu'en août 1875, Flaubert s'arc-boute contre les difficultés, mais en septembre, il baisse les bras, abandonne son roman et rejoint à Concarneau son ami Georges Pouchet, fils du fondateur du Muséum d'histoire naturelle de Rouen. L'écrivain est alors persuadé qu'il ne sera plus jamais capable d'écrire une seule ligne. Le régime marin lui fait cependant le plus grand bien. Il repense à *La Légende de saint Julien l'Hospitalier* ébauché en 1856 et se force à la rédiger lentement. La thérapie fonctionne : en février 1876, la nouvelle terminée, il en commence aussitôt une autre qui nécessite un voyage de repérage à Pont-l'Évêque et Honfleur : ce sera *Un cœur simple* qui laisse poindre un apaisement de son rapport à la Normandie : « Les herbages envoyaient l'odeur de l'été ; des mouches bourdonnaient ; le soleil faisait luire la rivière, chauffait les ardoises ». Sa « verdure » ne semble plus lui « agace[r] les dents comme un plat d'oseilles crues » ! Mais en juin, le décès de sa « chère maître » George Sand le désole : c'est pour elle qu'il avait écrit ce petit conte. Enfin, une fois *Hérodias* achevé, *Trois contes* paraît en avril 1877. La dernière œuvre publiée par Flaubert de son vivant obtient un véritable succès critique qui met du baume au cœur d'un écrivain amusé de voir les feuilles catholiques recommander sans aucune réserve la lecture d'*Un cœur simple*...

Dès le mois de mars, Flaubert s'est remis à *Bouvard et Pécuchet* avec une vigueur nouvelle. Mais le 27 janvier 1879, il est interrompu dans sa lancée : l'écrivain glisse sur le verglas à Croisset et se fait une forte entorse avec fêlure du péroné ; il doit rester alité pendant six semaines. Surtout, il souffre des problèmes financiers que rencontre encore une fois son neveu : Laporte, qui n'en a plus les moyens,

Eugène Giraud, portrait-charge de Flaubert, 1868, aquarelle. En tenue de soirée et décoré de la Légion d'honneur, l'écrivain participe activement aux mondanités du Second Empire.

Flaubert repose au cimetière Monumental de Rouen, « un cimetière tout plein de senteurs d'aubépine et dominant la ville ensevelie dans une ombre violette, qui la fait ressembler à une ville d'ardoise » (Edmond de Goncourt, *Journal*, 11 mai 1880).

refuse de donner de nouvelles garanties et Flaubert, à l'instigation des Commanville, rompt toute relation avec celui qui était pourtant devenu sa « sœur de charité ».
Cette brouille affecte profondément l'écrivain et jette un voile d'indicible tristesse sur ses derniers mois. Elle ralentit aussi le processus rédactionnel de *Bouvard et Pécuchet* car Laporte remplissait à l'égard de son ami le rôle d'un secrétaire bénévole. Son écriture soignée se trouve sur un grand nombre des pages destinées au « second volume » du roman, y compris sur l'une des trois versions du *Dictionnaire des idées reçues*. Enfin, en janvier 1880, Flaubert commence le dixième et dernier chapitre du premier volume de *Bouvard et Pécuchet*. Lorsque le 8 mai au matin il se prépare à partir pour Paris où il pense finir le second volume de son roman, il meurt brutalement d'une hémorragie cérébrale.
Il est enterré à Rouen auprès de ses parents et de sa sœur, non loin de Bouilhet. Son cercueil est suivi par son « disciple » Maupassant, Goncourt, Daudet, Zola et moins de trois cents personnes. On est loin des foules massées sur le parcours de la dépouille de Victor Hugo, à Paris, cinq ans plus tard ! Néanmoins, la renommée posthume de Flaubert va progressivement grandir jusqu'à rejoindre celle de son devancier. Avec Hugo, Balzac et Zola, il est aujourd'hui un auteur phare des programmes de l'enseignement secondaire et l'un des écrivains du XIXe siècle les plus étudiés à l'université.

HOTEL

Panorama de Rouen, photographié depuis la côte Sainte-Catherine.

L'industrialisation et une forte urbanisation n'ont pas épargné la ville. Outre le méandre de la Seine, Flaubert reconnaîtrait encore les tours et la flèche de la cathédrale Notre-Dame, ainsi que le clocher de l'église Saint-Maclou. Il serait plus surpris d'apercevoir dans le lointain, là où la Seine tourne vers le sud pour aller baigner Croisset, la silhouette d'un pont levant qui, en 2008, au moment de son inauguration, était le plus haut du monde : le pont Gustave-Flaubert.

L'enfant terrible de Rouen

Des anathèmes outranciers de la jeunesse (« je la hais, j'attire sur elle toutes les imprécations du ciel parce qu'elle m'a vu naître. Malheur aux murs qui m'ont abrité ! aux bourgeois qui m'ont connu moutard et aux pavés où j'ai commencé à me durcir les talons ! », lettre de 1843) jusqu'aux axiomes expéditifs de la maturité (« La haine des Rouennais est le commencement du goût », lettre de 1879), Flaubert n'a jamais caché en quelle piètre estime il tenait Rouen. Et pourtant, cette ville l'a nourri ; elle est comme incrustée en celui qui avouait avoir « au cœur quelque chose du suintement vert des cathédrales normandes ». En tous cas, Rouen (qu'il aurait aimée s'il n'y était pas né) a été pour Flaubert une source d'inspiration féconde : la danse de Salomé dans *Hérodias* comme le vitrail de *La Légende de saint Julien l'Hospitalier* trouvent leur origine dans la cathédrale Notre-Dame qu'Emma Bovary visite après s'être rendue au théâtre des Arts. Juste retour des choses, l'enfant terrible est aujourd'hui pour une part à l'origine de la célébrité mondiale de sa ville natale !

Giuseppe Canella, *Place de la Haute-Vieille-Tour à Rouen*, 1824, huile sur toile.

Familier des rues de Rouen pendant sa jeunesse, Flaubert reste imprégné de leur atmosphère médiévale où il croyait encore sentir la « peste rapportée d'Orient ». Et c'est finalement son être lui-même qui « tombe de côté avec ses ciselures, ses vitraux et ses pignons de plomb, comme les vieilles maisons de Rouen » (lettre à Louise Colet, 16 janvier 1852).

« [...] j'ai au fond de l'âme le brouillard du Nord que j'ai respiré à ma naissance. Je porte en moi la mélancolie des races barbares, avec ses instincts de migrations et ses dégoûts innés de la vie qui leur faisait quitter leur pays comme pour se quitter eux-mêmes. »

Flaubert, lettre à Louise Colet, 13 août 1846

La rue Saint-Romain débouchant devant l'église Saint-Maclou.

Au fond de la place se dresse la cathédrale dont flèche, foudroyée en 182 disparaît dans l'incendie qui s'ensuit. Les travaux de reconstruction durero jusqu'en 1876. Aussi Léo dans *Madame Bovary* (1857), peut-il redouter q son amour « s'évapor[e], telle qu'une fumée, par cette espèce de tuyau tronqué, de cage oblongu de cheminée à jour, qui s hasarde si grotesquement sur la cathédrale comme la tentative extravagante de quelque chaudronnier fantaisiste ».

Dans cette aile de l'Hôtel-Dieu, au deuxième étage du bâtiment de droite, se trouvent, sous le toit, les fenêtres de la chambre qu'occupait Flaubert. Là se déroulaient ses discussions enflammées avec Le Poittevin : « Nous montions haut quoique le plafond de ma chambre fût bas. »

Rouen, Hôtel-Dieu, premier étage, chambre natale de Gustave Flaubert.

Ayant servi de laboratoire d'histologie aux étudiants en médecine après le départ d'Achille Flaubert en 1882, la chambre natale de l'écrivain a été réhabilitée en 1923. Elle a conservé ses boiseries d'origine, a été remeublée avec du mobilier d'époque Restauration, et enrichie de différents portraits et bustes. Elle a été entièrement restaurée en 2009 avec restitution du papier peint d'origine.

À partir de l'adolescence, Gustave a été un grand lecteur. Rien d'étonnant donc à ce que sa nièce ait choisi de le représenter en train de lire, à une époque rouennaise qu'elle n'a évidemment jamais connue. On ne retrouve cependant ni sa « beauté olympienne de jeune dieu grec » (Maupassant) ni les yeux bleus (ou verts, selon Flaubert lui-même) et proéminents qui caractérisent ses autres portraits.

Caroline Franklin Grout, *Portrait de Gustave Flaubert adolescent* (détail), 1883, huile sur toile.

Rouen, cathédrale Notre-Dame, portail Saint-Jean, registre inférieur du tympan, XIIe siècle. Au centre, la danse de Salomé.

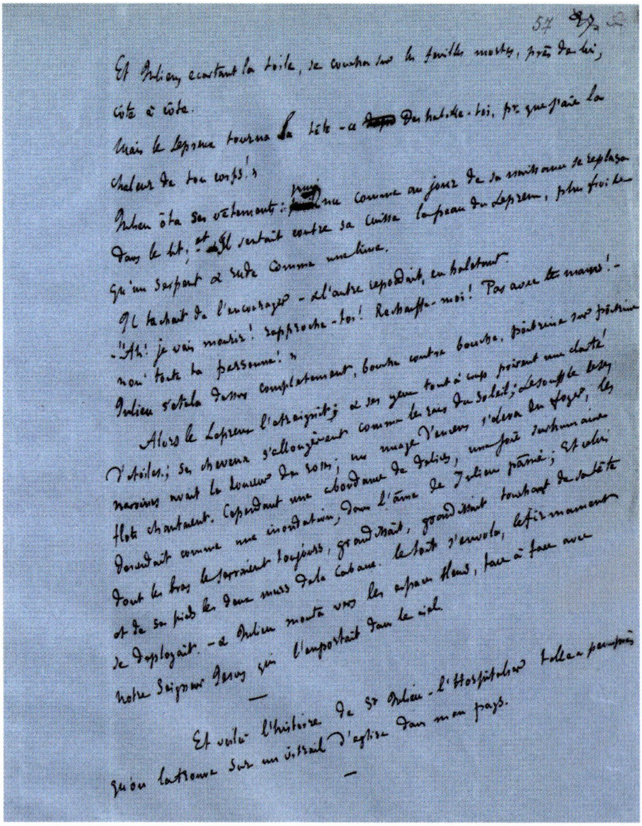

57

Et Julien écartant la toile, se coucha sur les feuilles mortes, près de lui, côte à côte.

Mais le Lépreux tourna la tête — « Déshabille-toi, pour que j'aie la chaleur de ton corps ! »

Julien ôta ses vêtements ; puis, nu comme au jour de sa naissance se replaça dans le lit ; et il sentait contre sa cuisse la peau du Lépreux, plus froide qu'un serpent et rude comme une lime.

Il tâchait de l'encourager — et l'autre répondait, en haletant.

— « Ah ! je vais mourir ! rapproche-toi ! Réchauffe-moi ! Pas avec tes mains ! — non ! toute ta personne ! »

Julien s'étala dessus complètement, bouche contre bouche, poitrine sur poitrine.

Alors le Lépreux l'étreignit ; et ses yeux tout à coup prirent une clarté d'étoiles ; ses cheveux s'allongèrent comme les rais du soleil ; le souffle de ses narines avait la douceur des roses ; un nuage d'encens s'éleva du foyer, les flots chantaient. Cependant une abondance de délices, une joie surhumaine descendait comme une inondation, dans l'âme de Julien pâmé ; et celui dont les bras le serraient toujours, grandissait, grandissait, touchant de sa tête et de ses pieds les deux murs de la cabane. Le toit s'envola, le firmament se déployait. — et Julien monta vers les espaces bleus, face à face avec notre Seigneur Jésus qui l'emportait dans le ciel.

—

Et voilà l'histoire de St Julien l'Hospitalier telle à peu près qu'on la trouve sur un vitrail d'église dans mon pays.

—

Flaubert, manuscrit dit définitif de *La Légende de saint Julien l'Hospitalier*, 1876.

Dans *Hérodias*, la description de la danse de Salomé reprend tous les éléments du bas-relief de la cathédrale : « Elle se jeta sur les mains, les talons en l'air, parcourut ainsi l'estrade comme un grand scarabée ; et s'arrêta, brusquement. / Sa nuque et ses vertèbres faisaient un angle droit. » Dans la phrase finale, Flaubert paraît même rappeler la présence de la pierre sculptée originelle : « et les gouttelettes à son front semblaient une vapeur sur du marbre blanc ».

En octobre 1875, Flaubert prévoit d'écrire « une légende qui se trouve peinte sur les vitraux de la cathédrale de Rouen ». *La Légende de saint Julien l'Hospitalier* se termine en effet par une signature reliant l'auteur à une église de son pays. La formule utilisée dans le scénario de 1856 était plus explicite : « Et voilà la légende de St Julien L'hospitalier telle qu'elle est racontée sur les vitraux de la Cath[édrale] de ma ville natale. »

Eustache-Hyacinthe Langlois, « Vie de saint Julien l'Hospitalier ; vitrail de la cathédrale de Rouen, XIIIe siècle » (détail), dans *Essai historique et descriptif sur la peinture sur verre ancienne et moderne*, 1832, gravure.

Dans le déambulatoire de la cathédrale Notre-Dame, un vitrail représente la vie de saint Julien l'Hospitalier. L'ouvrage de Langlois (qui était un proche de la famille Flaubert) donne l'explication des sujets de la verrière et en offre une gravure qui a été utilisée par l'écrivain lorsqu'il a rédigé *La Légende de saint Julien l'Hospitalier* entre septembre 1875 et février 1876. Bien que le conte se distingue en plusieurs points du vitrail où la femme de Julien ne quitte pas son époux et où il n'y a aucune représentation de chasses ou de prédictions, Flaubert aurait aimé qu'une édition reproduise ce « document historique ». Il lui plaisait justement parce que « ce n'était pas une illustration » et qu'en comparant l'image au texte, on se serait dit : « Je n'y comprends rien. Comment a-t-il tiré ceci de cela ? »

Caroline se souvient d'une grand-mère certes aimante mais « pas caressante ». Gustave, lui, tendrement attaché à sa « chère vieille », est désespéré par sa mort : « C'est comme si on m'avait arraché une partie des entrailles ». À réception, il trouve le buste « très joli comme sculpture mais les yeux et le bout du nez [lui] déplaisent. On ne retrouve notre pauvre vieille que partiellement. Cependant le profil, à la lumière surtout, est ressemblant. »

Dans ses *Souvenirs intimes*, Caroline Franklin Grout explique que Croisset (à gauche) « est le premier village sur les bords de la Seine en allant de Rouen au Havre. La maison, de forme longue et basse, toute blanche, pouvait avoir environ deux cents ans de date. Elle avait appartenu et servi de maison de campagne aux moines de l'abbaye de Saint-Ouen, et mon oncle se plaisait à penser que l'abbé Prévost y avait composé *Manon Lescaut*. » Pascal y serait lui aussi venu.

Ernest Guilbert, *Madame Achille-Cléophas Flaubert* (1793-1872), 1873, buste en terre cuite

Se ressemblant tellement qu'on « a dit qu'ils étaient frères » (Du Camp), Bouilhet et Flaubert ont entretenu un fécond dialogue amical et littéraire, chacun ayant relu la totalité des pages écrites par l'autre : ainsi, « Monseigneur » s'est rendu presque chaque dimanche à Croisset pendant la rédaction de *Madame Bovary*. Accablé par la mort de sa « conscience littéraire », Flaubert trouvera ensuite un réconfort en la personne de Laporte qui l'assiste dans le travail préparatoire à *Bouvard et Pécuchet*, l'accompagne dans ses repérages en Basse-Normandie et lui offre un lévrier que l'écrivain baptise Julio.

Ci-dessous, à gauche : Edmond Laporte (1832-1906) ; à droite : Louis Bouilhet (1821-1869), photographié par Carjat vers 1865

Marguerite Fleury-Barabé,
Les Bords de la Seine à Croisset en 1821, 1919, copie d'une peinture à l'huile d'époque.

Flaubert, « ayant horreur du mouvement », descenda peu dans son jardin. Mais « quand un ami venait le voir, il se promenait avec lu le long d'une grande allée de tilleuls, plantée en terrasse, et qui semblait fait pour les graves et douces causeries » (Maupassant). Flaubert apparaît ici coiffé d'une calotte de soie dont il affectionnait le port.

« Gustave Flaubert à Croisset », 1921 (?), illustration.

Georges Rochegrosse, *La Seine vue de la maison de Flaubert*, 1874, aquarelle.

La maison n'était séparée de la Seine que par un chemin de halage. À gauche, Flaubert pouvait distinguer Rouen, « ville aux cent clochers » (Victor Hugo), et à droite, les « mille cheminées des usines de Saint-Sever vomiss[ant] sur le ciel leurs festons » (Maupassant). Il aimait cette vue sur le fleuve où les navires « semblaient passer dans le jardin ». Mais sa tranquillité était parfois troublée par le son du cor : « Voilà deux heures qu'un imbécile posté dans l'île en face de moi m'assassine avec son instrument ! »

« Croisset sera toujours mon refuge »

En 1844, le Dr Flaubert fait l'acquisition à Croisset d'une maison de maître alors décrite comme l'une des plus belles propriétés des rives de la Seine. Elle devient la résidence principale de l'écrivain à partir de 1846. Il y habite avec sa nièce Caroline, jusqu'à son mariage en 1864, et sa mère, jusqu'à son décès en 1872. Absolument nécessaire à l'équilibre de Flaubert, cette maison est par excellence le lieu de l'écriture. C'est un refuge isolé du monde qui lui vaudra le qualificatif posthume d'« ermite de Croisset » : « Mes jours s'écoulent dans une monotonie et une régularité monacales. […] Je ne vois personne et je n'entends rien – de temps à autre, un remorqueur passe sous mes fenêtres. La Seine murmure, les grands arbres sans feuilles se balancent, et pendant la nuit le vent bruit. Voilà tout. Je suis perdu dans des rêveries et des lectures sans fin ni fond » (lettre de novembre 1859). L'écrivain y reçoit néanmoins ses amis, dont George Sand et Ivan Tourgueniev, parfois en groupe (Émile Zola, Georges Charpentier, Guy de Maupassant, les frères Goncourt…). Le dimanche, Louis Bouilhet puis Edmond Laporte lui rendent de fréquentes visites.

Georges Rochegrosse, *Cabinet de Flaubert à Croisset*, 1874, aquarelle.

Éclairé par cinq fenêtres (trois donnant sur le jardin et deux sur le fleuve), le cabinet se situait au premier étage de la maison. S'y trouvaient une table ronde, recouverte d'un tapis, sur laquelle Flaubert écrivait, un fauteuil Louis XIII, un bouddha, un divan, une peau d'ours, « un bric-à-brac de choses d'Orient » (Edmond et Jules de Goncourt) et d'immenses bibliothèques. Deux lampes restaient allumées tard dans la nuit et « les mariniers, sur la rivière, se servaient comme d'un phare des fenêtres de "Monsieur Gustave" » (Maupassant).

Chérie par son oncle, qui a assuré une partie de son instruction et l'a encouragée à peindre, Caroline a été critiquée pour avoir vendu Croisset un an seulement après la mort de Flaubert et avoir censuré sa correspondance lors des premières éditions. Elle a cependant joué un rôle majeur dans la constitution de la figure posthume de son oncle comme grand écrivain et on lui doit la sauvegarde de la quasi-totalité de ses manuscrits, pour l'essentiel donnés à des bibliothèques publiques ouvertes aux chercheurs.

Albert Witz, *Caroline Commanville, puis Franklin Grout, née Hamard (1846-1931)*, photographie.

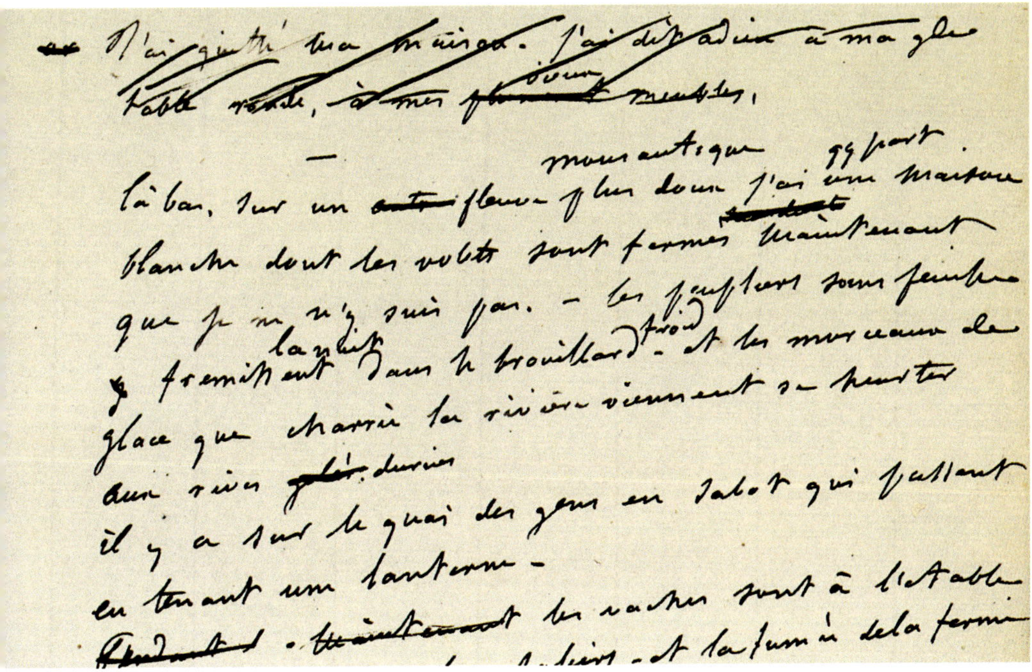

Gustave Flaubert, « La Cange », manuscrit intégré aux éditions du *Voyage en Orient*, 1850.

En février 1850, alors qu'il a quitté Croisset depuis trois longs mois, Flaubert vit reclus, en raison d'une tempête de sable, pendant plusieurs jours dans une cange amarrée sur le Nil. Il ébauche alors la rédaction de son voyage et il laisse libre cours à la nostalgie de sa maison sise sur les bords de la Seine. Mais bientôt il abandonne le récit au profit de simples notes consignées dans des calepins.

« Là-bas, sur un fleuve moins antique j'ai quelque part une maison blanche dont les volets sont fermés maintenant que je n'y suis pas […]. J'ai laissé la longue terrasse bordée de tilleuls Louis XIV où l'été je me promène en peignoir blanc. […] J'ai laissé le grand mur tapissé de roses avec le pavillon au bord de l'eau. »

Flaubert (alors sur le Nil), « La Cange », février 1850

Seul vestige de la propriété vendue par Caroline dès 1881, ce bâtiment de style Louis XV, appelé le « petit salon » et aujourd'hui reconverti en musée Flaubert, était séparé de la maison par une longue terrasse bordée de tilleuls. L'écrivain n'y a jamais travaillé, mais il aimait regarder la Seine depuis ses fenêtres quand il ne s'y baignait pas : « Tout à l'heure je vais aller m'esbattre comme un triton dans les ondes de la Séquane, où nageant ores sur le ventre, ores sur le dos, emmy les nefs, à la marge des isles bordées de feuillages, ie cuyde ressembler aux dieux marins des tapisseries de haulte lisse. »

Ci-contre : Croisset, le « Pavillon Flaubert » aujourd'hui.

« La pensée de rester toute ma vie complètement inconnu n'a rien qui m'attriste. Pourvu que mes manuscrits durent autant que moi c'est tout ce que je veux. C'est dommage qu'il me faudrait un trop grand tombeau, je les ferais enterrer avec moi, comme un sauvage fait de son cheval. – Ce sont ces pauvres pages-là, en effet, qui m'ont aidé à traverser la longue plaine. »

Flaubert, lettre à Louise Colet, 3 avril 1852

Dans la villa (aujourd'hui disparue) qu'elle avait fait construire sur les hauteurs d'Antibes, Caroline a conservé entre 1893 et 1931 (date de sa mort) la totalité des manuscrits de son oncle : au salon, les manuscrits définitifs et, au premier étage, dans une grande armoire en chêne, les brouillons de toutes les œuvres. Au premier plan figurent ceux de *Madame Bovary*. Ailleurs encore était conservée l'abondante documentation rassemblée par Flaubert (notes de lecture, carnets et papiers divers). Au total, des dizaines de milliers de pages : « Jamais je ne jette aucun papier. C'est de ma part une manie » (lettre de 1853). En particulier, l'écrivain accordait une importance considérable aux manuscrits définitifs de ses œuvres : s'il en avait perdu un, « il lui aurait semblé qu'il s'arrachait un morceau de sa chair » (Zola).

Tampon-buvard de Flaubert.
À droite, Antibes, villa Tanit, armoire qui renfermait les brouillons de Flaubert (*Le Monde illustré*, 13 juin 1908).

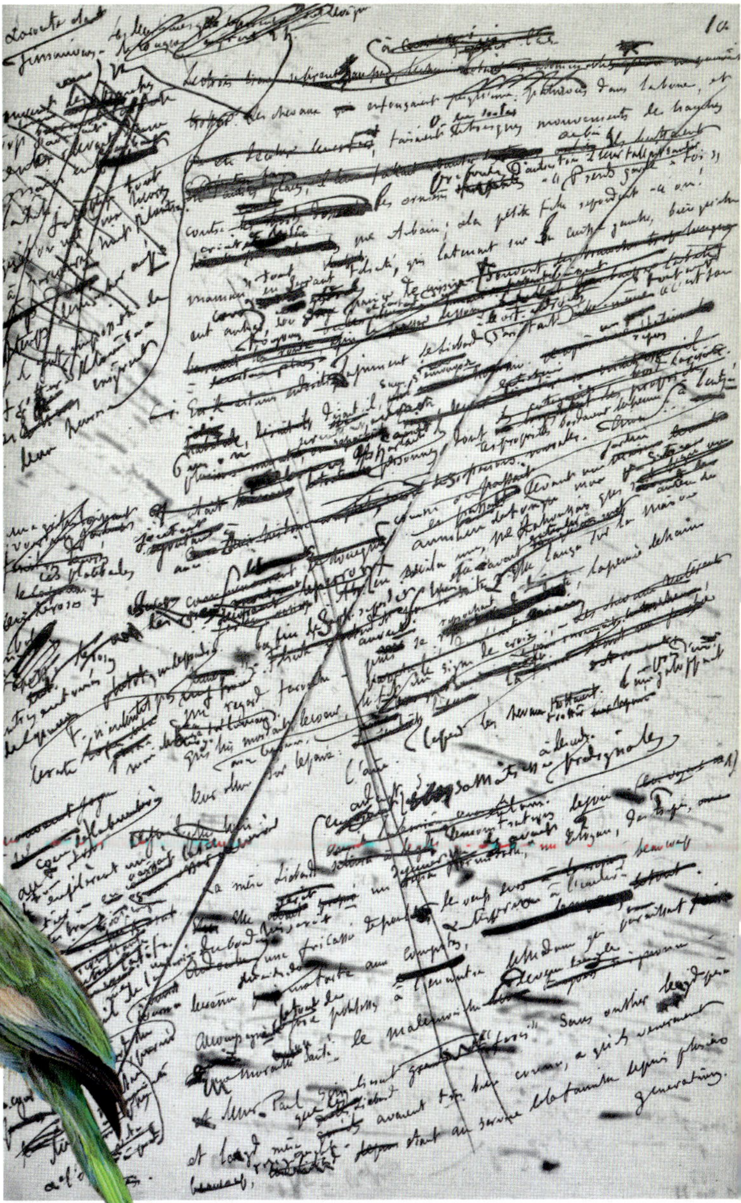

Flaubert, *Trois contes*, brouillon d'*Un cœur simple*, 1876.

Longtemps réputés illisibles en raison des ratures qui les constellent, les brouillons de ses œuvres manifestent le travail que Flaubert jugeait indispensable à la production littéraire. Au fil des recopiages, chaque épisode est développé avant d'être réduit dans un mouvement qui assure à la fois la cohérence interne du fragment et son parfait ajustement au reste de l'œuvre. Dumas fils s'en amuse : « Quel étonnant ouvrier, ce Flaubert, il varlopait une forêt pour faire chaque tiroir de ses meubles ! »

Muséum d'histoire naturelle de Rouen, perroquet « amazone à front bleu » en dépôt au musée Flaubert et d'Histoire de la médecine.

Pour s'en inspirer dans *Un cœur simple*, Flaubert a emprunté au Muséum d'histoire naturelle l'un des nombreux perroquets empaillés abrités dans ses réserves. Il a ensuite rendu l'oiseau sans qu'on sache lequel c'était. Aussi en trouve-t-on un au musée Flaubert… et un autre au pavillon de Croisset !

HENRY M STANLEY

Jacques Callot, *La Tentation de saint Antoine*, 1635, estampe.

À défaut du tableau de Brueghel admiré à Gênes, Flaubert se procure dès 1846 le tirage d'une gravure de Callot qui ornera son cabinet jusqu'à sa mort et accompagnera la rédaction des trois versions successives de *La Tentation de saint Antoine*. Il aime ce « grotesque triste » qui ne fait « pas rire mais rêver longuement ».

Après un passage par Antibes où Caroline s'était établie, les quatre corps de bibliothèque aux grandes colonnes torses qui ornaient le cabinet de travail sont installés depuis 1990 à l'hôtel de ville de Canteleu (détail ci-contre). Ils recèlent un millier de livres ayant appartenu à l'écrivain. Certains comportent des annotations de sa main, d'autres présentent des dédicaces éloquentes : « À G.F., admiration, amitié et dévouement, C[harles] B[audelaire] » ou « À G.F., fraternellement, Victor Hugo. »

L'écrivain au travail

À Croisset, l'univers de Flaubert s'organise autour de sa table de travail selon un emploi du temps réglé : « Il se mettait à la besogne dès neuf ou dix heures du matin, se levait pour déjeuner, puis reprenait aussitôt son labeur. Il dormait souvent une heure ou deux l'après-midi ; mais il veillait jusqu'à trois ou quatre heures du matin, accomplissant alors le meilleur de sa besogne dans le silence calme de la nuit », rapporte Maupassant. Enfermé dans son cabinet, après avoir rassemblé une documentation envahissante, l'« homme-plume » rédige lentement, selon une « mécanique compliquée » : les recopiages incessants (dix pages manuscrites pour une page imprimée) s'accompagnent d'un processus de validation orale resté célèbre sous le nom de « gueuloir ». Car, pour Flaubert, « une phrase est viable quand elle correspond à toutes les nécessités de la respiration ».

Encrier en bronze en forme de crapaud, fondu par Eugène Gonon, et coupe-papier ayant appartenu à Flaubert. Du Camp possédait exactement la même « grenouille-encrier ».

— Madame Bovary. —

à Louis Bouilhet.

Première partie

—

Une heure et demie venaient de sonner à l'horloge du collège quand le Proviseur entra dans l'étude, suivi d'un nouveau habillé en bourgeois et d'un garçon de classe qui portait un grand pupitre. Ceux qui dormaient se réveillèrent ~~il y eut ainsi que d'usage~~ [illegible] ~~de cahiers~~ [illegible] ~~grincèrent sur le papier~~, et chacun se leva comme surpris dans son travail.

Le Proviseur nous fit signe de nous rasseoir et se tournant vers le maître d'études « Mr Roger, lui dit-il à demi voix, voici un élève que je vous recommande. il entre en cinquième. si son travail & sa conduite sont méritoires, il passera dans les gds, où l'appelle son âge. »

Resté dans l'angle, ~~à demi caché~~ derrière la porte ~~entrebâillée~~, si bien qu'on l'apercevait à peine ~~que beaucoup d'autres nouveaux~~ ~~voyaient pas d'abord~~, le nouveau était un gars de la campagne, d'une quinzaine d'années environ, et plus haut de taille qu'aucun de nous tous. il avait les cheveux coupés droits sur le front, comme un chantre de village, ~~les longs poils~~ l'air raisonnable & fort embarrassé. ~~comme un~~ [illegible] ~~moissonneur~~ [illegible]

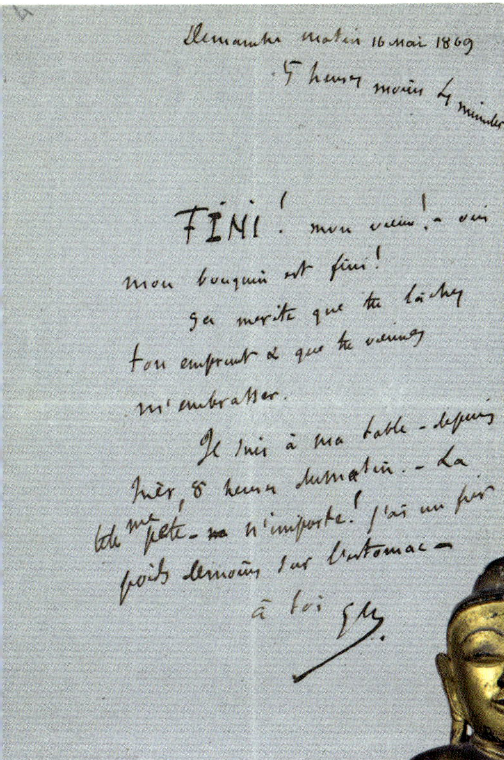

Dimanche matin 16 mai 1869
5 heures moins 4 minutes

FINI ! mon vieux ! – oui mon bouquin est fini !
ça mérite que tu lâches ton emprunt & que tu viennes m'embrasser.

Je suis à ma table – depuis hier, 8 heures du matin. – La tête me pète – n'importe ! j'ai un fier poids de moins sur l'estomac

à toi
Gve.

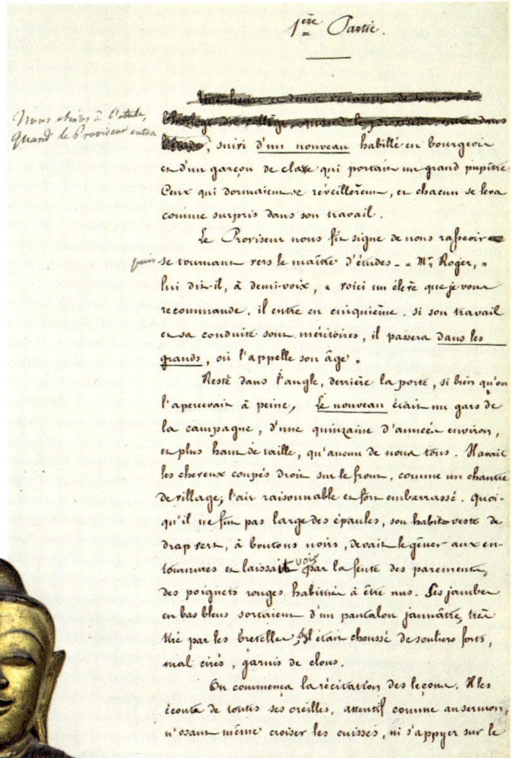

1ère Partie

Nous étions à l'étude, quand le Proviseur entra suivi d'un nouveau habillé en bourgeois et d'un garçon de classe qui portait un grand pupitre. Ceux qui dormaient se réveillèrent, et chacun se leva comme surpris dans son travail.

Le Proviseur nous fit signe de nous rasseoir puis se tournant vers le maître d'études – « Mr Roger, » lui dit-il, à demi-voix, « voici un élève que je vous recommande, il entre en cinquième. Si son travail et sa conduite sont méritoires, il passera dans les grands, où l'appelle son âge. »

Resté dans l'angle, derrière la porte, si bien qu'on l'apercevait à peine, le nouveau était un gars de la campagne, d'une quinzaine d'années environ, et plus haut de taille, qu'aucun de nous tous. Il avait les cheveux coupés droit sur le front, comme un chantre de village, l'air raisonnable et fort embarrassé. Quoiqu'il ne fût pas large des épaules, son habit-veste de drap vert, à boutons noirs, devait le gêner aux entournures et laissait voir par la fente des parements, des poignets rouges habitués à être nus. Ses jambes en bas bleus sortaient d'un pantalon jaunâtre très tiré par les bretelles. Il était chaussé de souliers forts, mal cirés, garnis de clous.

On commença la récitation des leçons. Il les écouta de toutes ses oreilles, attentif comme au sermon, n'osant même croiser les cuisses, ni s'appuyer sur le

Lettre de Flaubert à son ami Jules Duplan, Paris, 16 mai 1869.

Ci-dessus, Flaubert, *Madame Bovary*, manuscrit du copiste et à droite, manuscrit définitif, 1856.

À « 5 heures moins 4 minutes » le 16 mai 1869, Flaubert se réjouit d'avoir achevé *L'Éducation sentimentale*, commencé presque cinq ans auparavant. L'ultime « séance de pioche » a duré plus de vingt heures et s'est déroulée non dans le cabinet de Croisset mais à Paris. Car Flaubert y a aussi beaucoup écrit au fur et à mesure que ses séjours hivernaux s'allongeaient. Ainsi, le début de *La Légende de saint Julien l'Hospitalier* a été rédigé à Concarneau et tout le reste à Paris.

Une fois le long processus rédactionnel achevé, Flaubert avait l'habitude de faire copier son manuscrit par un copiste professionnel : c'est ce dernier manuscrit, mieux calligraphié, qu'il remettait ensuite à l'imprimeur après l'avoir relu et corrigé.
En général ces ultimes corrections étaient peu nombreuses.
Mais pour *Madame Bovary*, elles ont été d'importance puisque c'est là seulement que Flaubert, en marge, a mis au point la version définitive de la première phrase du roman.

Bouddha doré qui « dans son immobilité divine et séculaire » (Maupassant) ornait le cabinet de travail.

Ry, porche de l'église Saint-Sulpice, XIIe-XIXe siècle.

Bâtie au XIIe siècle, l'église Saint-Sulpice à Ry a connu de nombreux aménagements dont le plus remarquable est un porche en bois de chêne sculpté, du XVIe siècle, classé aux monuments historiques et inspiré de la Renaissance italienne. Il sert d'abri et d'intermédiaire entre l'espace sacré et l'espace profane et forme un ensemble richement décoré de figures bibliques, d'éléments végétaux et de représentations animales imaginaires ou guerrières. Une voûte en carène de bateau renversé, caractéristique de l'architecture normande, le recouvre.

Une certaine Delphine Couturier, née en 1822 et morte à 26 ans, a épousé en 1839 Eugène Delamare, officier de santé, ancien élève du père de Flaubert, veuf d'une première épouse plus âgée que lui, et mort en 1849 à 37 ans. Ils ont vécu à Ry et ont eu une fille unique en 1842. Ce sont les seuls éléments attestés et sûrement connus de l'écrivain. Les amants et le suicide sont pure reconstruction à partir du roman *Madame Bovary*.

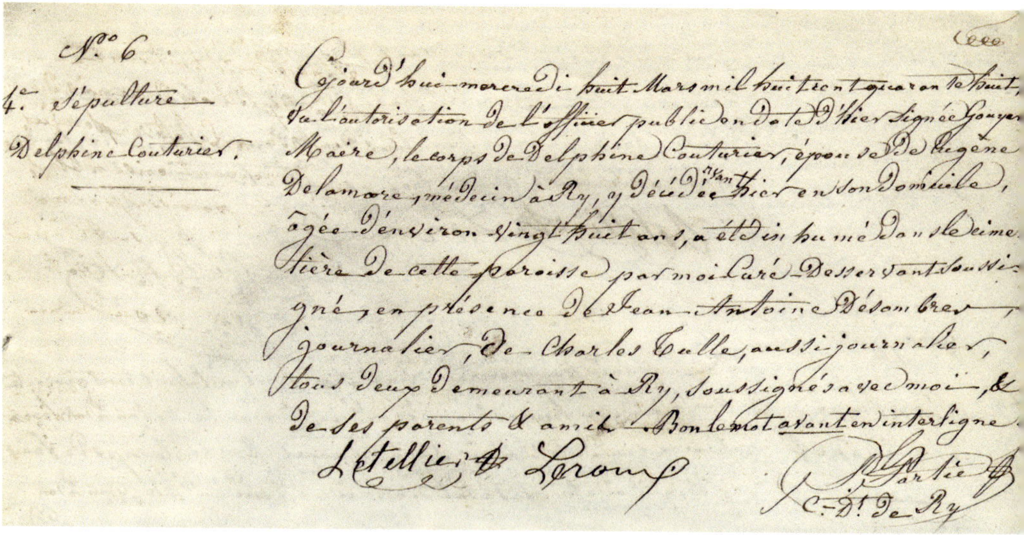

N° 6
4e Sépulture
Delphine Couturier.

Cejourd'hui mercredi huit Mars mil huit cent quarante huit, vu l'autorisation de l'officier public en date d'hier signée Gouyer Maire, le corps de Delphine Couturier, épouse de Eugène Delamare, médecin à Ry, y décédée avant hier en son domicile, âgée d'environ vingt huit ans, a été inhumé dans le cimetière de cette paroisse par moi Curé-Desservant soussigné en présence de Jean Antoine Désombres journalier, de Charles Tulle, aussi journalier, tous deux demeurant à Ry, soussignés avec moi, & de ses parents & amis. Bon le mot avant en interligne.

Letellier Leroux

A. Partie
C.-D. de Ry

Acte d'inhumation de Delphine Couturier, épouse Delamare.

Château du Héron (Seine-Maritime), photographie, 1893. Incendié en 1945, il fut détruit en 1948.

À l'âge de 15 ans, Flaubert assiste à un bal chez le marquis de Pomereu, propriétaire d'un château sis sur la commune du Héron : il reste « toute la nuit à voir danser » et au matin se promène seul en barque sur l'étang. L'épisode est transposé dans le bal à la Vaubyessard, auquel assiste Emma : « La musique du bal bourdonnait encore à ses oreilles, et elle faisait des efforts pour se tenir éveillée, afin de prolonger l'illusion de cette vie luxueuse qu'il lui faudrait tout à l'heure abandonner. »

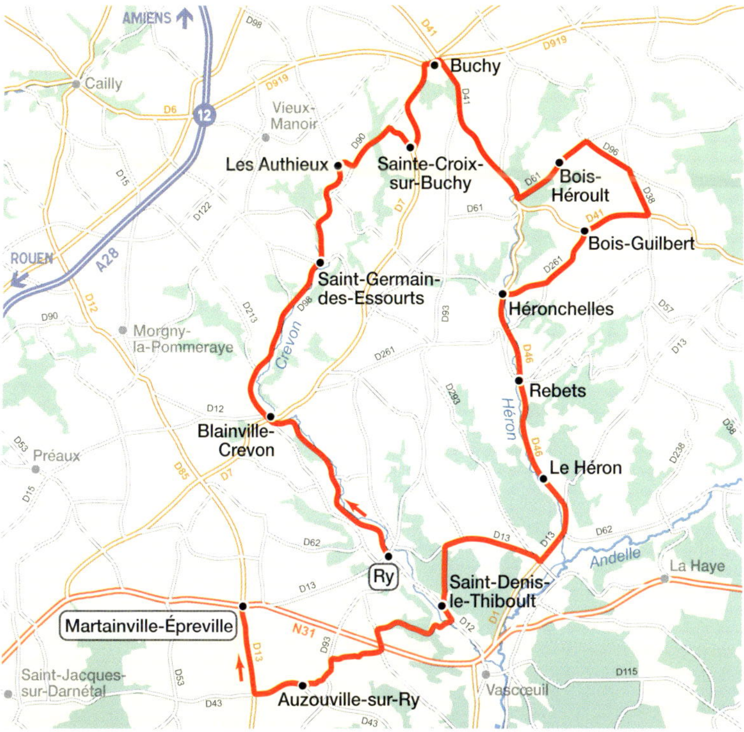

L'agréable « promenade au pays d'Emma Bovary » est la suite logique du processus ayant conduit à réinterpréter le réel à la lumière de la fiction. Il s'agit d'un circuit partant de Ry et passant successivement par Blainville-Crevon (Eugène Delamare et Delphine Couturier s'y marièrent); Saint-Germain-des-Essourts où naquit Augustine Ménage, la servante des Delamare, modèle de Félicité; Buchy (cité dans le roman); Héronchelles où naquit François Thérain qui rappelle Hivert et sa diligence; Le Héron où ne subsistent du château incendié que le parc dessiné par Le Nôtre, le colombier et les communs; Saint-Denis-le-Thiboult (Emma y aurait rejoint Rodolphe dans sa propriété de la Huchette), et enfin Martainville-Épreville.

Ci-dessous, Ry (Seine-Maritime), vue depuis les bords du Crevon et en bas à droite, la Grand-Rue photographiée en 1895.

Cette vue ancienne de la Grand-Rue de Ry participe du processus alors en cours qui visait à identifier ce lieu réel avec celui décrit dans le roman, une rue « longue d'une portée de fusil et bordée de quelques boutiques ». Des flèches indiquent la pharmacie de Homais et la place de la mairie où se déroulent les fameux comices. Ry s'approprie ainsi Yonville-l'Abbaye et se modèle sur la fiction jusqu'à devenir aujourd'hui le charmant et touristique « Pays de Madame Bovary ».

Et Ry devint Yonville : la Normandie d'Emma Bovary

Pour partie, l'intrigue de *Madame Bovary* se situe dans « un fort bourg nommé Yonville-l'Abbaye », introuvable sur les cartes de la Normandie. Flaubert a d'ailleurs toujours affirmé que l'histoire d'Emma et son décor étaient inventés. Néanmoins, l'écrivain a eu connaissance de l'existence à Ry (une petite ville à une trentaine de kilomètres à l'est de Rouen) d'une certaine Delphine Delamare dont la vie rappelle en plusieurs points celle de son héroïne. Sans aucun doute, il a exploité cet ancrage factuel pour construire son scénario. Mais il a ensuite ajouté de nombreux autres éléments qui interdisent de voir dans le destin tragique d'Emma la simple mise en fiction de la vie de Delphine. Pourtant, à partir des années 1890, Ry s'est progressivement identifiée à Yonville : un équivalent plus ou moins convaincant a été donné à chaque personnage et à chaque lieu du roman. Cet étonnant phénomène de patrimonialisation stimule aujourd'hui la venue des visiteurs tout en promouvant la lecture du roman !

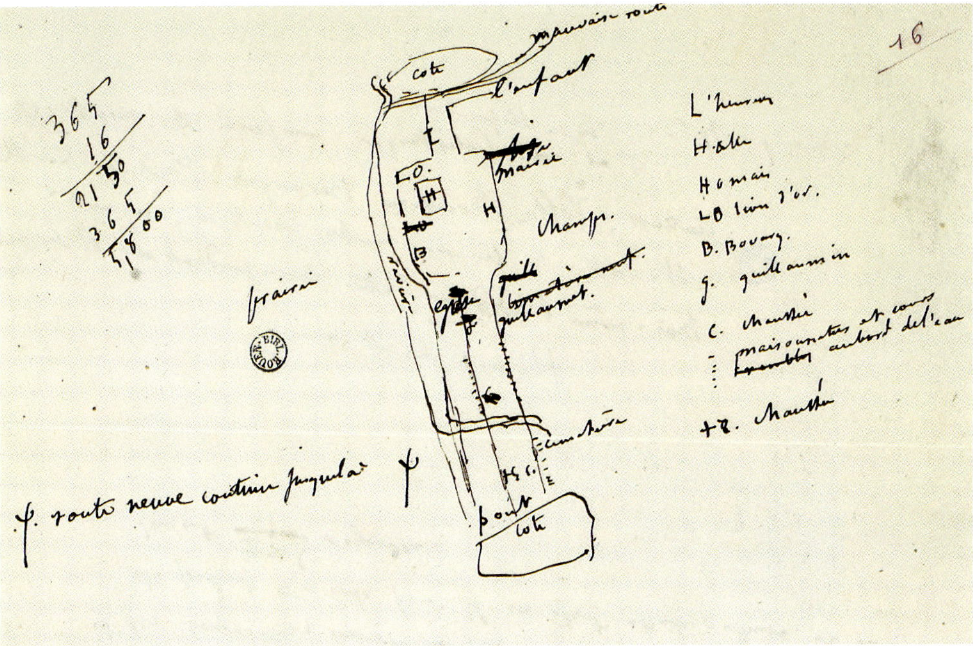

Flaubert, plan d'Yonville, 1851-1852 [?].

Durant la genèse de *Madame Bovary,* Flaubert a dessiné trois plans successifs d'Yonville qui ont évolué au fur et à mesure que l'intrigue s'étoffait : les maisons des différents personnages y sont situées les unes par rapport aux autres pour les besoins de l'action. Mais aucun des trois ne permet de confirmer l'hypothèse selon laquelle l'écrivain se serait servi d'un plan de Ry pour les établir.

Château de Martainville (Martainville-Épreville, Seine-Maritime), musée des Arts et Traditions normands. Reconstitution d'un intérieur de ferme haut-normand à l'occasion de l'exposition « Bovary » (en haut) ; façade du château (en bas).

Construit au XVe siècle, le château est un bel exemple de l'architecture de la première Renaissance en Normandie. Ayant échappé de peu à la démolition, il est aujourd'hui la propriété du département de la Seine-Maritime. Il est toujours entouré de ses bâtiments annexes (colombier, charreterie, écuries…) et abrite le musée des Traditions et Arts normands dont les collections retracent la vie quotidienne en Normandie du XVIe au XIXe siècle. Sont présentés plusieurs intérieurs de fermes reconstitués avec meubles et objets usuels.

Cette reconstitution d'intérieur évoque l'univers dans lequel a grandi Emma Rouault, future épouse Bovary. En effet, si Emma est la fille d'un cultivateur aisé, la « salle » des Bertaux présente l'ameublement typique des intérieurs de ferme haut-normands : une immense cheminée où sèche du linge, une table et un lit. Ne manque que l'« odeur d'iris et de draps humides, qui s'échappait de la haute armoire en bois de chêne ». Néanmoins, malgré le fort ancrage normand de son roman, Flaubert visait un *type* féminin : « Ma pauvre Bovary, sans doute souffre et pleure dans vingt villages de France à la fois à cette heure. »

« Non, Monsieur, aucun modèle n'a posé devant moi.
Madame Bovary *est une pure invention.*
Tous les personnages de ce livre sont complètement imaginés, et Yonville-l'Abbaye lui-même est un pays qui n'existe pas, ainsi que la Rieule, etc. Ce qui n'empêche pas qu'ici, en Normandie, on n'ait voulu découvrir dans mon roman une foule d'allusions. »

Flaubert, lettre à un lecteur, 4 juin 1857

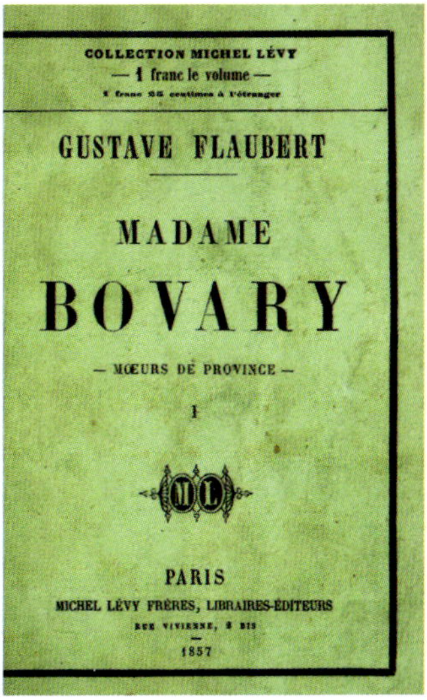

Flaubert, *Madame Bovary*, couverture de l'édition originale (Paris, Michel Lévy, 1857).

Certaines éditions illustrées du roman (par Richemont en 1905 et par Fourié en 1907) ont joué un rôle décisif dans le processus d'identification de Yonville à Ry. Ces illustrations ont emprunté des éléments caractéristiques de Ry et les ont intégrés dans des scènes de la fiction : ainsi, lorsque Emma vient chercher du réconfort auprès de l'abbé Bournisien sur le seuil d'une église dont le porche est reconnaissable entre tous. Pourtant, dans la description que fait Flaubert de l'église d'Yonville, rien ne rappelle celle de Ry. Au joyau roman enrichi d'un porche Renaissance répond une église « rebâtie à neuf dans les dernières années du règne de Charles X » et dont « la voûte en bois commence à se pourrir par le haut, et, de place en place, a des enfonçures noires dans sa couleur bleue ».

Alfred de Richemont, composition hors-texte pour l'édition de *Madame Bovary* (Paris, Librairie des Amateurs, F. Ferroud, 1905).

« […] je suis un Vieux. *L'avenir pour moi n'a plus de rêves. Mais les jours d'autrefois se représentent comme baignés dans une vapeur d'or. – Sur ce fond lumineux où de chers fantômes me tendent les bras, la figure qui se détache le plus splendidement, c'est la vôtre! – Oui, la vôtre. Ô pauvre Trouville!»*

Flaubert, lettre à Élisa Schlesinger, 5 octobre 1872

Pont-l'Évêque est un lieu chargé de réminiscences biographiques pour Flaubert : sa mère y a grandi et lui-même séjournait à proximité après l'achat par son père des fermes de Geffosses et Deauville. Ce n'est donc pas sans raison qu'il y situe l'histoire de Félicité dans *Un cœur simple*, la servante qui va, comme lui, subir une grave commotion sur la route de Pont-l'Évêque à Honfleur… Pour trouver certains renseignements qui lui manquent, Flaubert effectue un voyage de repérage en avril 1876. À cette occasion, il dessine dans son carnet la forme caractéristique du clocher de l'église et indique : « XVe siècle, pas de clocher, une tour carrée ».

Flaubert, croquis du clocher de l'église Saint-Michel de Pont-l'Évêque.

Vue des bords de la Touques, Pont-l'Évêque (Calvados), 1908, carte postale ancienne.

Charles Mozin, *Le Confluent du ruisseau de Calenville avec la Touques, ou le Quernet*, vers 1835-1840, huile sur toile.

À la fin des années 1830, Trouville est pour Flaubert un village « charmant avec ses maisons entassées les unes sur les autres, noires, grises, rouges, blanches, tournées de tous côtés sans alignement et sans symétrie comme un tas de coquilles et de cailloux que la vague a poussés sur la côte ». Il aime son port « où toutes les barques sont noires, usées, retapées, où tout sent le goudron ». Cette odeur entêtante, les personnages d'*Un cœur simple* la respireront à leur tour, tout comme ils se rendront à la ferme de Geffosses (aujourd'hui transformée en hôtel) qui appartint à la famille Flaubert entre 1829 et 1873. Gustave y joua avec sa sœur Caroline – comme Paul avec Virginie.

Ferme de Geffosses, à proximité de Pont-l'Évêque (Calvados).

Eugène Boudin, *La Tour Malakoff et le rivage à Trouville*, 1877, huile sur panneau.

Achille Devéria, *Élisa Schlesinger et son enfant*, vers 1840.

Été 1836 : Flaubert a 14 ans et demi quand il rencontre sur la plage de Trouville Élisa Schlesinger, une jeune femme brune de 26 ans dont il tombe éperdument amoureux. Cette seule « passion véritable », impossible, se retrouve transposée dans ses romans, des *Mémoires d'un fou* (1838) où le narrateur déplace la pelisse de Maria menacée par les vagues, jusqu'au sauvetage du châle de Mme Arnoux dans *L'Éducation sentimentale* (1869).
Durant ses études de droit, Flaubert fréquente les Schlesinger puis reste en lien épistolaire avec Élisa, son « éternelle tendresse », chérissant le souvenir de « cette plage de Trouville où je vous ai connue et qui, pour moi, porte toujours l'empreinte de vos pas. »

Vue de la campagne aux environs de Pennedepie (Calvados), à côté de Honfleur.

Tendrement aimée par son frère, Caroline cultive les arts, en particulier la musique et le dessin. Durant l'été 1842 passé à Trouville où elle se baigne pour renforcer sa santé fragile, elle prend des leçons avec le peintre Mozin et présente à Gustave deux jeunes Anglaises, Henriette et Gertrude Collier, qui ne le laissent pas indifférent. Quand Caroline meurt en 1846, Gustave reste inconsolable : « J'ai toujours à son endroit une place vide au cœur et que rien ne comble. »

De Trouville aux falaises d'Életot

À partir de 1834, la famille Flaubert passe l'été à Trouville. Gustave aime ce petit port et sa plage déserte : ses couchers de soleil sur la mer resteront parmi « les plus grands événements » de sa vie. Il y fait la connaissance de plusieurs figures féminines décisives : Élisa Schlesinger, à qui il voue une passion secrète, et deux jeunes Anglaises, les sœurs Collier.

C'est aussi en Pays d'Auge, sur la route de Pont-l'Évêque à Honfleur que se produit l'attaque nerveuse qui le terrasse en janvier 1844.

Rien de tout cela ne s'effacera de sa mémoire. Trente ans plus tard, venu « voir un bout de paysage » pour *Un cœur simple*, il prend « un bain de souvenirs », avant d'effectuer en 1877, pour un épisode de *Bouvard et Pécuchet*, un petit « voyage archéologico-géologico-pittoresque » dans le département du Calvados.

Eustache-Hyacinthe Langlois, *Portrait de Caroline Flaubert à sept ans*, 1831, graphite sur papier.

Életot (Seine-Maritime), « valleuse » ou petite vallée perchée à flanc de falaise permettant l'accès à la plage, typique du littoral du Pays de Caux.

En novembre 1877, pour l'épisode archéologique de *Bouvard et Pécuchet*, Flaubert « a besoin d'une falaise *qui fasse peur* à [ses] deux bonshommes ». Ses repérages sont vains. Maupassant, grand connaisseur de la région, lui envoie une lettre agrémentée de croquis (ci-dessous) : Flaubert comprend ainsi « toute la côte entre le cap d'Antifer et Étretat ». Mais c'est trop compliqué ! Finalement, Pécuchet empruntera l'abrupte valleuse de Senneville, et Bouvard celle d'Életot, très facile à monter.

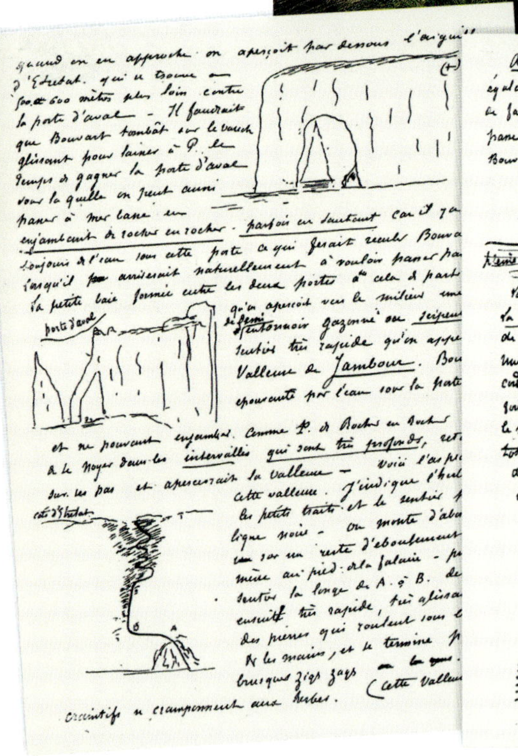

Quand on en approche on aperçoit par dessous l'aiguille d'Etretat. qui se trouve à 500 ou 600 mètres plus loin contre la porte d'aval – Il faudrait que Bouvard tombât sur le varech glissant pour laisser à P. le temps de gagner la porte d'aval sous laquelle on peut aussi passer à mer basse en enjambant de rocher en rocher. – parfois en sautant car il y a toujours de l'eau sous cette porte ce qui ferait reculer Bouvard lorsqu'il arriverait naturellement à vouloir passer par la petite baie formée entre les deux portes [illegible] qu'on aperçoit vers le milieu une sorte d'entonnoir gazonné où serpente un sentier très rapide qu'on appelle Valleuse de Jambour. Bouvard épouvanté par l'eau sous la porte et ne pouvant enjamber comme P. de Roche en Roche [illegible] à se noyer dans les intervalles qui sont très profonds, [illegible] sur ses pas et apercevrait la valleuse – Voici l'aspect de cette valleuse. J'indique [illegible] les petits traits et le sentier par la ligne noire – On monte d'abord sur un reste d'éboulement [illegible] même au pied de la falaise – [illegible] sentier le long de A. à B. [illegible] ensuite très rapide, très glissant, des pierres qui roulent sous [illegible] & les mains, et se termine [illegible] brusques zigzags (Cette Valleuse [illegible] craintifs se cramponnent aux herbes.

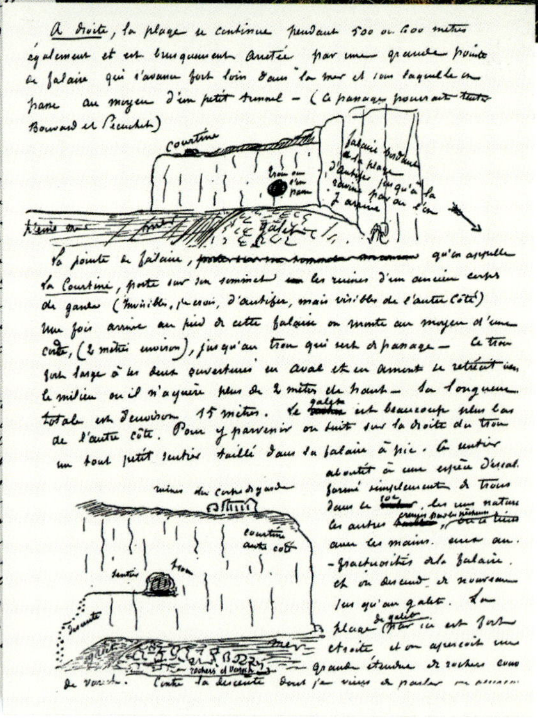

A droite, la plage se continue pendant 500 ou 600 mètres également et est brusquement arrêtée par une grande pointe de falaise qui s'avance fort loin dans la mer et sous laquelle on passe au moyen d'un petit tunnel – (Ce passage pourrait tenter Bouvard et Pécuchet)

La pointe de falaise, qu'on appelle la Courtine, porte sur son sommet les ruines d'un ancien corps de garde (invisible, je crois, d'Antifer, mais visibles de l'autre côté) Une fois arrivé au pied de cette falaise on monte au moyen d'une corde, (2 mètres environ), jusqu'au trou qui sert de passage – Le trou fort large à ses deux ouvertures en aval et en amont se rétrécit au milieu où il n'a guère plus de 2 mètres de haut – sa longueur totale est d'environ 15 mètres. Le galet est beaucoup plus bas de l'autre côté. Pour y parvenir on suit sur la droite du trou un tout petit sentier taillé dans la falaise à pic. Ce sentier aboutit à une espèce d'escalier formé simplement de trous dans le roc, les uns naturels les autres creusés [illegible] avec les mains. [illegible] anfractuosités de la falaise. et on descend de nouveau jusqu'au galet. La plage de galet est fort étroite et on aperçoit une grande étendue de rochers couverts de varech. Entre la descente dont je viens de parler [illegible]

Honfleur (Calvados), vue actuelle du port.

6120

GUSTAVE FLAUBERT

TROIS CONTES

UN CŒUR SIMPLE

LA LÉGENDE DE SAINT JULIEN L'HOSPITALIER

HÉRODIAS

PARIS

G. CHARPENTIER, ÉDITEUR

13, RUE DE GRENELLE-SAINT-GERMAIN, 13

1877

Honfleur où « quelque chose de [son] cœur est resté » fait partie pour Flaubert de la même contrée enchantée que Trouville et Pont-l'Évêque. Mais ce ne sont que souvenirs d'un temps révolu : « Paris a envahi ce pauvre pays, plein maintenant de chalets dans le goût de ceux d'Enghien. Tout est plein de culottes de peau, de livrées, de beaux messieurs, de belles dames. Cette plage où je me promenais jadis sans caleçon est maintenant décorée de sergents de ville. » Trouville n'est plus, et les « idiots sur le paquebot d'Honfleur » ont fini par chasser Flaubert de son Éden où il vivait « pieds nus sur le sable, en sauvage ». Seule la fiction lui permet de le retrouver. Anéanti par les déboires financiers de son neveu en septembre 1875, Flaubert se remet en rédigeant successivement *La Légende de saint Julien*, *Un cœur simple* et *Hérodias*, qui, chacun dans son genre, le font revivre dans ses souvenirs. *Trois contes* paraît en avril 1877.

Couverture de l'édition originale de *Trois contes* (Paris, Charpentier, 1877).

À droite, lettre de Maupassant à Flaubert, 3 novembre 1877.

Du Camp part pour l'Orient muni d'un matériel photographique encombrant dont il a appris à se servir pour ramener des « reconstitutions exactes » qui le feront connaître. De l'Égypte jusqu'à la Syrie, il s'astreint à un travail éreintant sous le soleil : « La photographie absorbe et consume les jours de Max », observe Flaubert que cette activité laisse rêveur : « s'il ne se calme il en crèvera ». Mais en ramenant 214 épreuves, Du Camp est parvenu à ses fins : l'album photographique est un succès éditorial et scientifique qui lui vaut la Légion d'honneur et une médaille à l'Exposition universelle de 1855.

Maxime Du Camp, « Le Kaire. Maison et jardin dans le quartier Frank » (*Égypte, Nubie, Palestine et Syrie*, Gide et Baudry, 1852, planche 3). Le personnage au premier plan est Flaubert (janvier 1850).

Maxime Du Camp, « Palestine. Jérusalem. Partie occidental des murailles » (*Égypte, Nubie, Palestine et Syri*e Gide et Baudry, 1852, planche 113)

Le voyage en Orient constitue un tournant dans l'amitié entre Du Camp et Flaubert : alors qu'un échange de bagues avait scellé leurs fiançailles intellectuelles en 1844, ils reviennent conscients de leurs insurmontables divergences. Du Camp est décidé à « arriver » – mot vide de sens pour Flaubert. En 1855, la préface de son recueil de poésie, *Les Chants modernes*, glorifiant les sciences et l'industrie, acte un divorce définitif avec le fervent de l'art pour l'art qu'est demeuré Flaubert, retourné s'enfermer à Croisset.

Maxime Du Camp, photographié par Nadar dans les années 1860.

« Nous ne suivons plu la même route, nou ne naviguons plus dan la même nacelle. [...] Moi, je ne cherch pas le port, mais la haute mer. – Si j'y fai naufrage, je te dispens du deuil. »

Flaubert à Maxime Du Camp lettre du 1er juillet 1852

Réalisant un rêve longtemps caressé, Flaubert et Du Camp partent pour l'Orient fin octobre 1849. Ils marchent sur les pas de Chateaubriand mais procèdent en sens inverse, en commençant par l'Égypte. Entre juillet et septembre 1850, ils parcourent la Palestine et la Syrie ; entre décembre 1850 et la mi-février 1851, la Grèce. Enfin, ils voient Naples puis Rome où ils se séparent : Flaubert rentre à Croisset, 19 mois après son départ, en passant par Florence et Venise.

Maxime Du Camp, « Égypte moyenne. Le sphinx » (*Égypte, Nubie, Palestine et Syrie*, Gide et Baudry, 1852, planche 11).

Observateur passionné des formes dans lesquelles s'incarne le beau idéal, Flaubert s'intéresse de près aux sculptures qu'il découvre. En mai 1845, sur les rives du lac de Côme, il est saisi par *Amour et Psyché* d'Antonio Canova : « j'ai embrassé sous l'aisselle la femme pâmée qui tend vers l'Amour ses deux longs bras de marbre [...]. Qu'on me le pardonne : ç'a été depuis longtemps mon seul baiser sensuel. Il était quelque chose de plus encore. J'embrassais la beauté elle-même. »

Adamo Tadolini, *Amour et Psyché*, 1820, marbre.

L'œil du voyageur

Flaubert a autant rêvé de voyages lointains qu'il détestait « se remuer » : sans l'entremise de son ami Du Camp, il n'aurait peut-être jamais parcouru l'Orient ! Néanmoins, une fois en chemin, il a des principes : d'abord prendre le temps nécessaire, car à l'inverse des touristes qui font « le tour des galeries au petit trot », il faut s'« infiltrer goutte à goutte » les gens et les lieux. « Voyager doit être un travail sérieux », affirme-t-il. Au cours de ses déplacements, l'écrivain enregistre les images, les odeurs, les sensations (« Je jouis de tout ; je savoure le ciel, les pierres, la mer, les ruines ») dont il se servira plus tard dans ses œuvres. Mais il faut pour cela avoir l'esprit libre et accueillant. Le carnet de voyage est l'outil qui organise cette disponibilité attentive : les notes y sont rarement prises en vue d'une utilisation précise ; elles permettront surtout, le jour venu, de réactiver la mémoire de celui qui ne sera plus alors « œil » mais « écrivain ».

« Qu'est-ce que je vais faire une fois rentré au gîte, publierais-je, ne publierais-je ? qu'écrirai-je ? et même écrirai-je ? [...] Les premiers jours je m'étais mis à écrire un peu, mais j'en ai, Dieu merci, bien vite reconnu l'ineptie. Il faut mieux être œil, tout bonnement. »

Lettre de Flaubert à Louis Bouilhet,
à bord d'une cange sur le Nil,
13 mars 1850

La Tentation de saint Antoine, attribué à Jan Verbeeck, milieu du XVIᵉ siècle [?], huile sur bois.

En 1845, au palais Balbi de Gênes, Flaubert contemple un tableau – alors attribué à Brueghel – auquel il ne cessera de songer sa vie durant, remettant trois fois sur le métier *La Tentation de saint Antoine*, « l'œuvre de toute [sa] vie ». Il consigne les détails de la peinture dans son carnet de voyage : « […] au bas à gauche, saint Antoine entre trois femmes, et détournant la tête pour éviter leurs caresses […]. Ensemble fourmillant, grouillant et ricanant d'une façon grotesque et emportée, sous la bonhomie de chaque détail. »

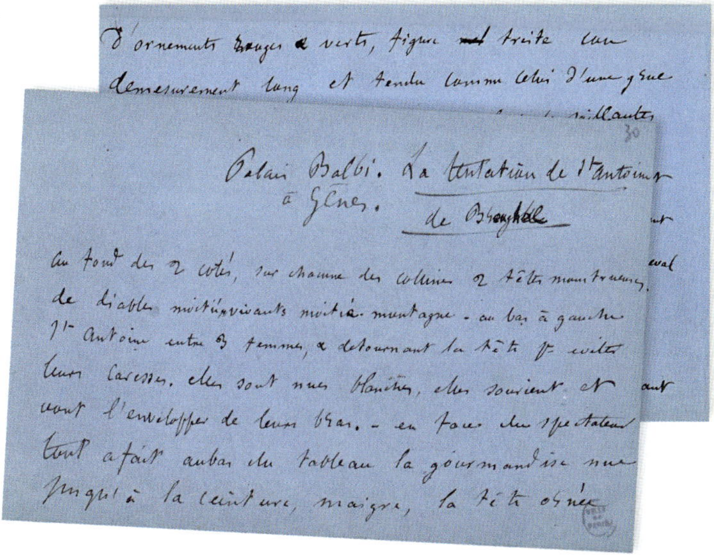

d'ornements rouges & verts, figure ~~mal~~ triste un
demesurement long et tendu comme celui d'une grue
… sillantes

30

Palais Balbi. La tentation de St Antoine
à Gênes. de Breughel

au fond des 2 côtés, sur chacune des collines 2 têtes monstrueuses
de diables moitié vivants moitié montagne - au bas à gauche
St Antoine entre 3 femmes, & detournant la tête pr éviter
leurs caresses. elles sont nues blanches, elles sourient et
vont l'envelopper de leurs bras. - en face du spectateur
tout à fait au bas du tableau la gourmandise nue
jusqu'à la ceinture, maigre, la tête ornée

Flaubert, « Palais Balbi à Gênes. *La Tentation de Sᵗ Antoine de Breughel* », 1845, carnet de voyage.

Anonyme, *Les Ruines de Carthage*, vers 1850, gravure sur métal.

« Je ne pense nullement à mon roman. Je regarde le pays, voilà tout – et je m'amuse énormément. […] je connais Carthage à fond et à toutes les heures du jour et de la nuit. »

Lettre de Flaubert à Louis Bouilhet, de Tunis, le 8 mai 1858

Flaubert, croquis des murailles de Carthage, 1858, carnet de voyage.

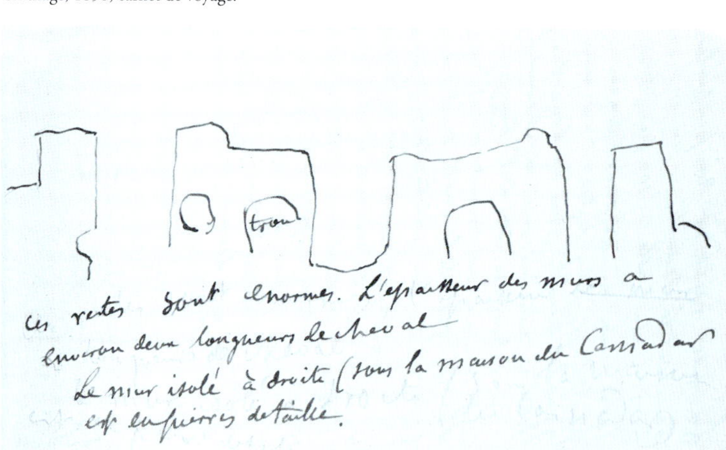

D'avril à juin 1858, Flaubert voyage en Afrique du Nord. Les difficultés rencontrées dans la rédaction de *Salammbô* l'ont certes incité à compléter sa documentation par un voyage sur place, mais une fois à Carthage, si l'écrivain accumule les notes archéologiques et topographiques, il s'emploie surtout à emmagasiner les sensations, ce qui lui permettra, de retour à Croisset – il en est sûr –, d'« arriver au ton juste ».

Les deux voyageurs passent trois jours dans les ruines de Baalbek, aujourd'hui au Liban, en septembre 1850. Ébloui, Flaubert affirme être amoureux des six grandes colonnes du temple : elles ont « l'air d'être en vermeil ciselé, à cause de la couleur des pierres et du soleil ». Il goûte « un paysage historique comme aucun peintre que je sache n'en a encore fait; rien n'y manque, ni la ruine, ni les montagnes, ni le pâtre, ni l'eau qui coule – et dont j'entends le bruit maintenant ».

Maxime Du Camp, « Syrie. Baalbeck. Colonnade du temple du Soleil » (*Égypte, Nubie, Palestine et Syrie*, Gide et Baudry, 1852, planche 121).

Les carnets de voyage de Flaubert contiennent d'innombrables descriptions de tableaux. Le plus souvent, c'est le traitement particulier d'un sujet classique (mythologique ou religieux) qui est consigné. Mais certaines peintures procurent au voyageur des émotions plus intenses, telle une *Madone* de Murillo, contemplée à Rome, « dont il y a *de quoi devenir fou* » et qui le « poursuit comme une hallucination perpétuelle » : « ses yeux passent et repassent devant moi, comme deux lanternes dansantes ».

Lucas Cranach l'Ancien, *Vénus et l'Amour voleur de miel*, 1531, huile sur toile.

Bartolomé Esteban Murillo, *Vierge à l'Enfant*, 1675, huile sur toile.

Madame Bovary paraît en six livraisons dans la *Revue de Paris* entre le 1er octobre et le 15 décembre 1856. Flaubert a dû accepter de nombreuses coupes imposées par la direction de la revue. Sur un exemplaire de l'édition originale qu'il aimait montrer à ses amis, l'écrivain a ensuite reporté l'intégralité de ces corrections afin d'exposer l'étendue et la bêtise de cette censure : « En supprimant le passage du fiacre, vous n'avez rien ôté de ce qui scandalise […]. Vous vous attaquez à des détails. C'est à l'ensemble qu'il faut s'en prendre. L'élément brutal est au fond et non à la surface. […] on ne change pas le sang d'un livre. On peut l'appauvrir. Voilà tout. »

Achille Lemot, « Flaubert faisant l'autopsie d'Emma Bovary », *La Parodie*, 5-12 décembre 1869.

Flaubert « tient la plume comme d'autres le scalpel », note Sainte-Beuve dans son compte rendu de *Madame Bovary* en mai 1857. Le critique renvoie au milieu familial médical de l'écrivain mais utilise une métaphore que Flaubert s'applique dans le travail d'analyse qu'il a mené sur lui-même (« le cœur que j'étudiais c'était le mien. Que de fois j'ai senti […] le froid du scalpel qui m'entrait dans la chair »). Lors de la parution de *L'Éducation sentimentale* en 1869, Lemot réactive l'image du scalpel dans une célèbre caricature. La métaphore sera reprise dans le *Dictionnaire des idées reçues* à l'entrée « Romans » : « Il y a des romans écrits avec la pointe d'un scalpel. »

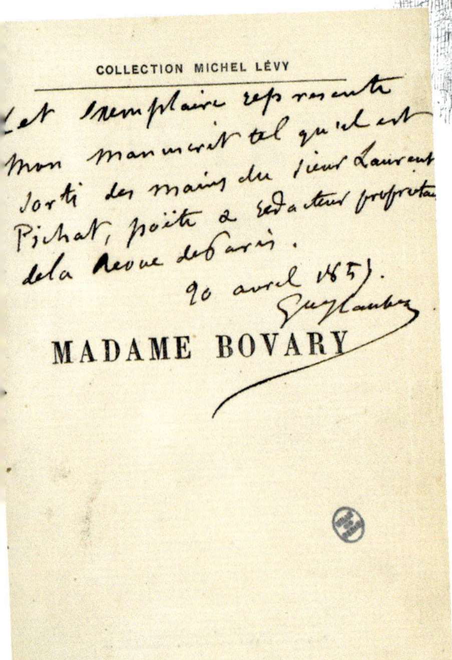

COLLECTION MICHEL LÉVY

Cet exemplaire représente mon manuscrit tel qu'il est sorti des mains du sieur Laurent Pichat, poète & rédacteur propriétaire de la Revue de Paris.

20 avril 1857.

Gve Flaubert

MADAME BOVARY

Faux-titre de l'exemplaire de l'édition originale (*Madame Bovary*, Paris, Michel Lévy frères,1857), sur lequel Flaubert a reporté les corrections opérées par la *Revue de Paris*.

« Les corrections de la Bovary *m'ont achevé. – Et j'avoue que j'ai presque regret de les avoir faites. […] Je me suis conduit comme un sot en faisant* comme les autres, *en allant habiter Paris, en voulant publier. J'ai vécu dans une sérénité d'art parfaite, tant que j'ai écrit pour moi seul. Maintenant je suis plein de doutes et de trouble. »*

Lettre de Flaubert à Louis Bouilhet, Croisset, 16 juin 1856

Victor Adam et Jean-Baptiste Arnout, « La salle du trône aux Tuileries », 1848, lithographie.

En février 1848, Flaubert rejoint Du Camp à Paris lors des journées révolutionnaires. Il en est un spectateur attentif et les met en scène dans *L'Éducation sentimentale*. Ses personnages assistent à l'envahissement du palais des Tuileries par le peuple dans la journée du 24 : ils « entrèrent dans un appartement où s'étendait, au plafond, un dais de velours rouge. Sur le trône, en dessous, était assis un prolétaire à barbe noire, la chemise entrouverte, l'air hilare et stupide comme un magot. D'autres gravissaient l'estrade pour s'asseoir à sa place. »

Flaubert rencontre Louise Colet en juillet 1846 à Paris dans l'atelier du sculpteur Pradier. De dix ans plus âgée que lui, elle est déjà une poétesse reconnue. Ils vivent une relation passionnée mais Louise supporte mal l'éloignement dans lequel Gustave la maintient à l'exception de quelques courts rendez-vous à Paris ou à Mantes. Ils rompent début 1848, puis renouent entre 1851 et 1854. Trois cents lettres subsistent : elles sont à la fois une flamboyante correspondance amoureuse, un journal de l'écriture pour *Madame Bovary* et l'exposé des principes esthétiques de Flaubert.

Marie-Alexandre Alophe, « Mme Louise Colet » (détail), 1843, estampe.

Joachim Jean Cosson, « La nouvelle salle de lecture de la Bibliothèque impériale en 1869 », gravure.

S'il passe souvent ses journées à consulter des ouvrages à la Bibliothèque impériale pour « amasser des notes », Flaubert assiste avec plaisir à de grands événements mondains tel le bal aux Tuileries donné en l'honneur du tsar le lundi 10 juin 1867. Alexandre II lui a profondément déplu (il l'a « trouvé pignouf »), mais le bal l'a enthousiasmé : « Sans blague aucune, c'était splendide. Paris du reste tourne au colossal. Cela devient fou et démesuré. »

Paris : « la saison mondaine »

« L'ermite de Croisset » est une légende. À partir de 1855, Flaubert a un domicile parisien et fréquente assidûment ses confrères, gens de lettres et artistes, l'hiver, plusieurs semaines durant. Il participe à des dîners, et, à partir de 1863, fréquente les salons les plus en vue du Second Empire et des débuts de la IIIe République, par exemple celui de Marguerite Charpentier, la femme de son dernier éditeur. Il y rencontre, outre les auteurs de la maison, des peintres, des musiciens et des hommes politiques, tel Gambetta. Flaubert lui-même a son *jour* : il reçoit ses amis le dimanche après-midi boulevard du Temple, dans les années 1860, puis rue Murillo, et enfin rue du Faubourg-Saint-Honoré à partir de 1875. Théâtre d'une vie mondaine intense, Paris est aussi pour l'écrivain un lieu de travail : il y rassemble la documentation nécessaire à ses différentes œuvres au terme de longues séances de « pioche » dans les bibliothèques ; mais il y rédige aussi des séquences complètes de ses romans.

Pierre Tetar Van Elven, *Fête de nuit aux Tuileries le 10 juin 1867, à l'occasion de la visite des souverains étrangers à l'Exposition universelle*, vers 1867, huile sur toile. On reconnaît le tsar Alexandre II, le roi Guillaume de Prusse et le chancelier Bismarck.

Croquis ornant une lettre de Guy de Maupassant à son ami Robert Pinchon du 11 mars 1876.

Couverture de l'édition originale de *Salammbô* (Paris, Michel Lévy frères, 1863 [publié le 24 novembre 1862]).

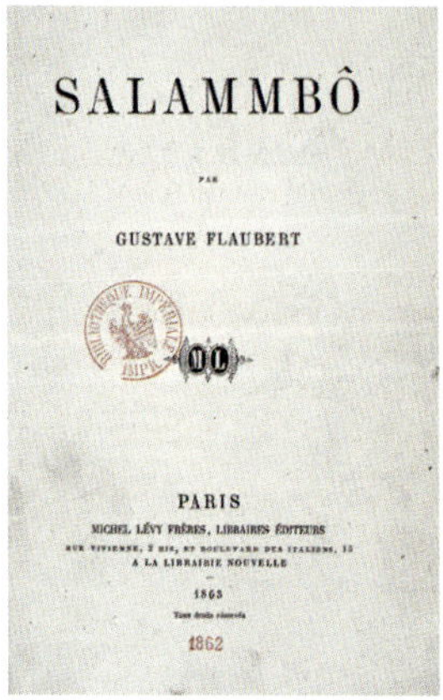

Neveu d'Alfred Le Poittevin, l'ami intime de la jeunesse, Maupassant est le « fils en littérature » de Flaubert, selon l'expression de Zola. Il devient un fidèle de ses dimanches à partir de 1872. Devant les deux « géants » Flaubert et Tourgueniev, et le plus modeste Daudet, il lui arrive de lire ses œuvres. Il profite des conseils de Flaubert qui l'encourage et le guide. Quelques mois avant sa mort, l'aîné déclare *Boule de suif* « un chef-d'œuvre de composition, de comique et d'observation ».

Eugène Lacoste, costume de Salammbô dans *Salammbô : cent dix-sept maquettes de costumes*, 1891-1892, plume et aquarelle sur calque.

La parution de *Salammbô* fin novembre 1862 marque un tournant dans la carrière de Flaubert : elle fait de lui un auteur à la mode. La princesse Mathilde l'invite ; l'impératrice Eugénie veut un costume de bal inspiré de ceux que porte l'héroïne : le romancier est lancé dans le grand monde et ses séjours parisiens deviennent plus fréquents. Mais c'est toujours avec soulagement que « l'ours Flaubert » retourne dans sa « tanière » à Croisset, expérimentant sur lui-même l'axiome consigné dans l'un de ses carnets : « Ne pouvoir se passer de Paris, marque de bêtise ; ne plus l'aimer, signe de décadence. »

Le salon de madame la princesse /lathilde», 1868 [?], gravure d'après n lavis de Renoult-Chesneau.)n reconnaît Jules de Goncourt, laubert, Dumas fils, Edmond e Goncourt, Théophile Gautier, ainte-Beuve et Mérimée.

Paris, Flaubert fréquente ssidûment les lieux de ociabilité où se réunissent es gens de lettres et les artistes els les salons du sculpteur 'radier ou des demi-nondaines Aglaé Sabatier (la Présidente» de Baudelaire) et eanne de Tourbey. Mais c'est ans le salon de la princesse Aathilde, cousine de Japoléon III, que Flaubert a es habitudes à partir de 1863. uscitant d'importants frais e voitures et de tailleur, les éjours de l'écrivain à Paris, u'il appelle sa «saison *nondaine*», contribuent asssécher ses finances.

L'âge, les idées politiques et les conceptions esthétiques, tout les sépare. Pourtant, l'ermite de Croisset et la bonne dame de Nohant ont noué une amitié profonde. À partir de la publication par George Sand de sa «Lettre sur *Salammbô*» en 1863, ils se rendent visite, s'écrivent et partagent une riche vie sociale à Paris. Flaubert sera toujours agacé par le «bénissage perpétuel» de sa «chère Maître», mais il célébrera à sa mort «tout ce qu'il y avait de féminin dans ce grand homme, l'immensité de tendresse qui se trouvait dans ce génie».

George Sand (1804-1876), photographiée par Nadar, vers 1864.

Fin novembre 1862, Gavarni, Sainte-Beuve et les Goncourt inaugurent une réunion de quinzaine au restaurant Magny, à Saint-Germain-des-Prés. Flaubert s'y rend régulièrement les lundis et y fait la connaissance de Tourgueniev. Il y retrouve Taine, Renan, Gautier et, à partir de 1866, Sand. Il se plaît dans ce cénacle où la parole est libre et les discussions enflammées. Mais il se lasse bientôt, et au printemps 1868, il « lâche complètement le dîner Magny où l'on a intercalé des binettes odieuses ».

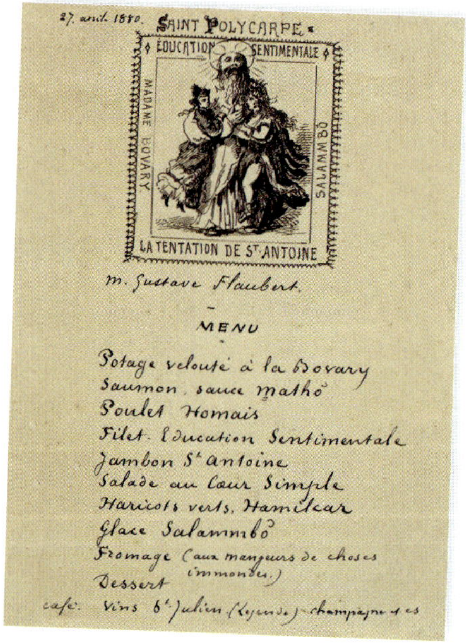
27 avril 1880.
SAINT POLYCARPE
ÉDUCATION SENTIMENTALE
MADAME BOVARY
SALAMMBÔ
LA TENTATION DE ST ANTOINE
M. Gustave Flaubert.

MENU

Potage velouté à la Bovary
Saumon, sauce Mathô
Poulet Homais
Filet Éducation Sentimentale
Jambon St Antoine
Salade au Cœur Simple
Haricots verts. Hamilcar
Glace Salammbô
Fromage (aux mangeurs de choses immondes.)
Dessert
café. Vins St Julien (Légende) – champagne etc

Menu de la Saint-Polycarpe, 27 avril 1880. La vignette est due au dessinateur et historien rouennais Jules Adeline (1845-1909).

À Rouen, Flaubert a aussi une vie sociale bien remplie. Il fréquente quelques milieux choisis, en particulier ses « trois anges » : Valérie Lapierre, Léonie Brainne et Alice Pasca, qui organisent pour leur ami deux fêtes de la Saint-Polycarpe (patron de l'écrivain contempteur de la bêtise), le 24 avril 1879 et le 27 avril 1880. Les amis se sont « surpassés » pour le second dîner : Flaubert a reçu des cadeaux, des lettres, des vers, des fleurs, et « un menu composé de plats tous intitulés d'après [ses] œuvres ».

Édouard Loevy, « Dîner au restaurant Magny », gravure postérieure aux réunions. On reconnaît Gautier, Flaubert et Dumas fils (debout), Sainte-Beuve, Charles Edmond et George Sand.

André Gill, « M. Sainte-Beuve (libre mangeur) », *L'Éclipse*, 3 mai 1868.

Le 10 avril 1868, qui se trouvait être le Vendredi saint, Sainte-Beuve convia le prince Napoléon, Taine, About, Renan, Robin et Flaubert à un dîner qui fit couler beaucoup d'encre. Bien qu'il n'y eût pas volonté délibérée de scandale, le « fameux dîner de charcuterie » (Maupassant) devint une « intolérable scie » qui exaspérait Flaubert à l'instar de : « Littré, "le monsieur qui prétend que nous descendons des singes" ». « Oh ! la Bêtise ! », s'exclamait l'écrivain.

Le Dictionnaire des idées reçues garde la mémoire de cet épisode : « Sainte-Beuve : le Vendredi saint, dînait exclusivement de charcuterie ».
De nombreux autres articles concernent des denrées alimentaires (boudin, fricassée, melon, pain…) ou des boissons (café, champagne…) dans cet ouvrage où on devait trouver « par ordre alphabétique, sur tous les sujets possibles, *tout ce qu'il faut dire en société pour être un homme convenable et aimable* ».

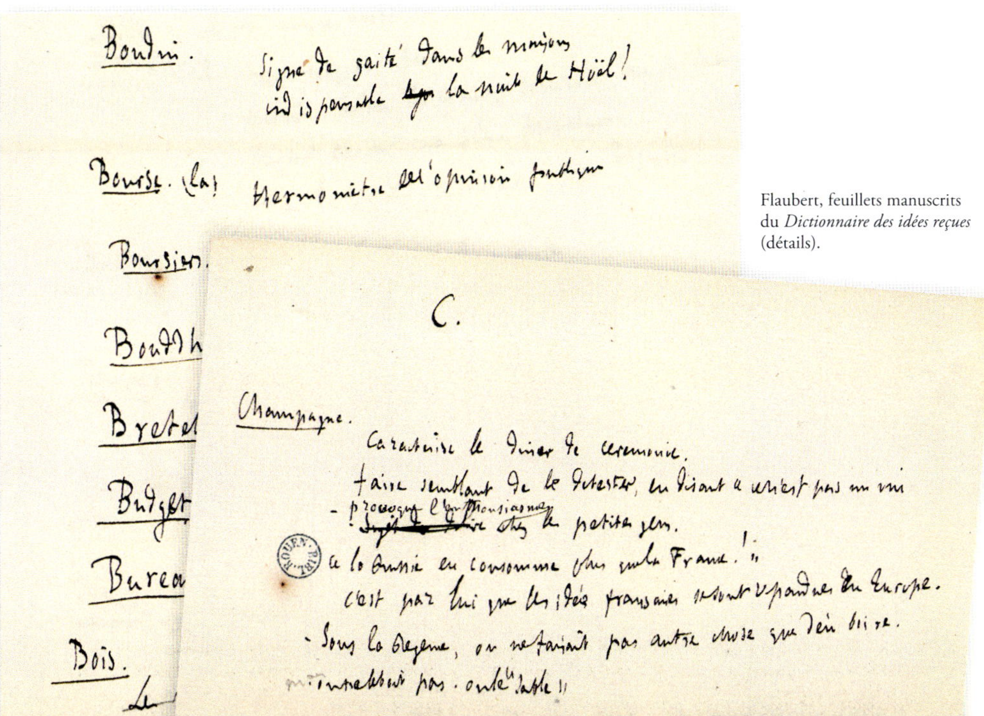

Flaubert, feuillets manuscrits du *Dictionnaire des idées reçues* (détails).

Albert Fourié, *Un repas de noces à Yport*, 1886, huile sur toile.

« J'ai lu [...] la vie de Carême le cuisinier [...] cet illustre inventeur de sauces [...]. C'est magnifique comme existence d'artiste enthousiaste ; elle ferait envie à plus d'un poète. »

Lettre de Flaubert à Louise Colet,
Croisset, 19 septembre 1852

L'œuvre de Flaubert a suscité nombre de créations liées aux plaisirs de la table. Albert Fourié, qui avait déjà peint *La Mort de Madame Bovary* (1883) et illustré une édition du roman (1885), a exposé en 1886 *Un repas de noces à Yport,* qui doit beaucoup au roman.

Boissier, confiseur préféré de la haute bourgeoisie impériale, a lancé en 1863 le *salammbô*, un chou de forme oblongue, garni de crème pâtissière, puis glacé au sucre, qui connut un grand succès en 1890, après la représentation de l'opéra de Reyer.

Les *salammbôs* (à gauche) ont été récemment remis au goût du jour. La couleur du glaçage indique souvent la saveur du fourrage.
Ci-contre : agneau de la ferme des venelles rôti, avec une courge little jack farcie aux cèpes et une tranche de cèpe grillée. Plat d'inspiration flaubertienne, réalisé par Grégory Derasse en 2020.

Les *cheminots* (à droite) : ces petits pains sont attestés en Normandie depuis le XIIIe siècle.

Dans *Madame Bovary*, Mme Homais savoure des « petits pains lourds, en forme de turban, que l'on mange dans le carême avec du beurre salé ». Aussi appelés pains seminels (à base de fleur de farine, pochés à l'eau puis cuits au four), ces *cheminots* sont, selon Flaubert, constitutifs de l'identité rouennaise : « Mon livre serait incomplet sans lesdits turbans alimentaires, puisque j'ai la prétention de peindre Rouen. »

Les plaisirs flaubertiens de la table

Bien qu'il se comparât au « macaroni au fromage qui file et qui pue », Flaubert, « grand mangeur, aimait la table fine et les choses délicates » (Maupassant). Il appréciait le gibier (« surtout en pâté ») et, après le four de sa comédie politique *Le Candidat*, s'est consolé en ingurgitant « 2 douzaines d'Ostende, une bouteille de champagne frappé, 3 tranches de roastbeef, une salade de truffes, café et pousse-café ». En décembre 1879, Tourgueniev lui envoie un saumon « magnifique » et du caviar qui lui « fait pousser des cris de volupté ». Mais pour Flaubert, la table est aussi un lieu de sociabilité : il prend ainsi part aux dîners Magny, aux dîners des auteurs sifflés (avec les Goncourt, Daudet, Zola et Tourgueniev) à partir d'avril 1874, et au dîner Trapp, considéré comme l'acte de naissance du mouvement naturaliste le 16 avril 1877.

« […] et on passa dans la salle à manger.
Sous les feuilles vertes d'un ananas,
au milieu de la nappe, une dorade
s'allongeait, le museau tendu vers un quartier
de chevreuil et touchant de sa queue
un buisson d'écrevisses. »
Flaubert, *L'Éducation sentimentale*, 1869

Coupe et soucoupe en vermeil ayant appartenu à Flaubert, époque Premier Empire.

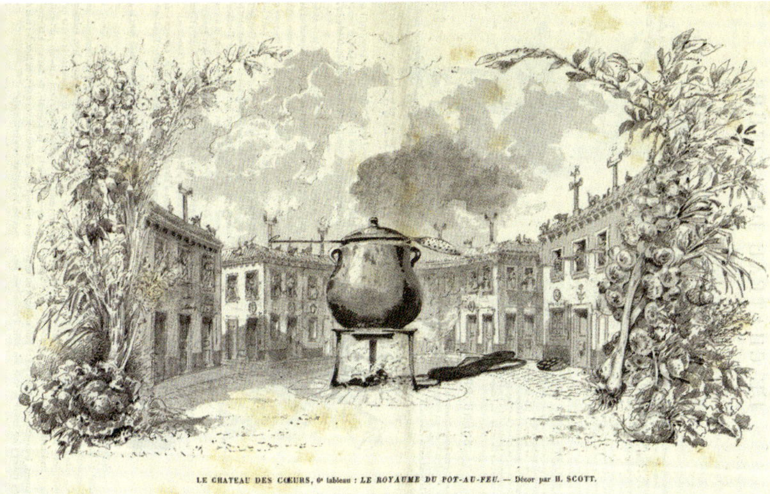

Henry Scott, décor pour le 6e tableau du *Château des cœurs* : « Le royaume du pot-au-feu », féerie de Flaubert, Bouilhet et d'Osmoy (1863), paru dans *La Vie moderne* le 20 mars 1880.

Selon Dumas, « le pot-au-feu est la clé de voûte de la gastronomie française ». Ce plat, devenu le symbole de la cuisine bourgeoise, vanté par Homais dans *Madame Bovary*, fournit le sujet d'un des tableaux du *Château des cœurs*. Intitulé « Le royaume du pot-au-feu », il illustre les attraits de la vie bourgeoise où le bonheur « ne se trouve que dans la tempérance de l'esprit, l'immutabilité des usages et le glouglou du pot-au-feu ! » C'était bien l'avis de Flaubert pour qui *L'Amour* de Michelet constituait « l'apothéose du mariage, l'idéalisation de la vesse conjugale, le délire du Pot-au-feu ! » – ce qui ne l'empêchait pas de beaucoup aimer ce plat…

Fricassée de pintade à la normande, accompagnée de pommes tournées et de châtaignes. Ce plat réalisé par Grégory Derasse en 2020 rappelle le repas de noces de *Madame Bovary*.

Charles Giraud, *La Salle à manger de la princesse Mathilde, rue de Courcelles*, 1854, huile sur toile.

À partir de 1863, Flaubert dîne régulièrement chez la princesse Mathilde, en brillante compagnie et dans une atmosphère luxueuse. Les mets sont simples, la princesse n'ayant pas le palais fin, mais les lieux ont sûrement inspiré les fastueuses réceptions des Dambreuse dans *L'Éducation sentimentale*.

Gemma Arterton et Fabrice Luchini dans *Gemma Bovery*, film d'Anne Fontaine, 2014, adaptation du roman graphique de Posy Simmonds.

Un héritage vivant

Évalué en nombre de romans publiés, l'héritage flaubertien est infime. Pourtant, cette œuvre est à l'origine d'une véritable révolution esthétique qui inspire aujourd'hui encore d'innombrables créateurs, tous arts confondus. L'écrivain normand appartient au patrimoine culturel mondial.

Flaubert s'est toujours refusé catégoriquement à se projeter dans le futur : « Il faut en écrivant ne penser qu'à écrire, et pas même pour la Postérité ! » Il s'est aussi tenu à distance des institutions qui auraient pu lui procurer l'avant-goût d'une hypothétique immortalité. En particulier, son attitude vis-à-vis de l'Académie française, « une institution pourrie et bête », n'a jamais varié : « une Académie est tout ce qu'il y a de plus antipathique au monde à la constitution même de l'Esprit qui n'a ni règle, ni loi, ni uniforme », affirme-t-il à Louise Colet en 1852. Néanmoins, Flaubert était absolument persuadé que ses ouvrages lui survivraient et que la famille biologique qu'il avait choisi de ne pas fonder aurait un équivalent plus tard : « Je pense souvent avec attendrissement aux êtres inconnus, à naître, étrangers, etc., qui s'émeuvent ou s'émouvront des mêmes choses que moi. Un livre, cela vous crée une famille éternelle dans l'humanité. Tous ceux qui vivront de votre pensée, ce sont comme des enfants attablés à votre foyer. »

Flaubert, « le Patron » ?

Quand Flaubert meurt le 8 mai 1880, sa célébrité est loin d'atteindre celle de Victor Hugo. Il est cependant reconnu comme un écrivain de première importance. En effet, depuis le milieu des années 1870, il est porté aux nues par la génération montante, en particulier par la « petite bande » des naturalistes. En témoigne la dédicace qui orne l'exemplaire des *Soirées de Médan* offert à Flaubert par les six auteurs de ce recueil de nouvelles (Zola, Maupassant, Huysmans, Céard, Hennique et Alexis) : « À notre ami et maître Gustave Flaubert. » Pour eux, comme pour un grand nombre d'autres jeunes littérateurs, Flaubert est bien « le Patron ».

Pourtant, les jugements circonspects de certains écrivains tels que Proust, qui, certes, saluait la « beauté grammaticale » de cette prose mais déplorait ce « grand *Trottoir roulant* que sont les pages de Flaubert, au défilement continu, monotone, morne, indéfini », ne concourent pas à populariser des œuvres réputées difficiles d'accès, à l'exception de *Madame Bovary* qui a toujours conservé quelque chose de l'aura gagnée lors du procès. Aussi, même si la publication assez rapide de la correspondance (dès 1885) contribue à donner chair à l'homme qui a choisi de se cacher, sa vie durant, derrière « l'écrivain et le moine », la lecture des œuvres de Flaubert reste cantonnée à un cercle restreint d'admirateurs convaincus. L'écrivain connaîtra même une relative traversée du désert entre les deux guerres. Ce sont les écrivains du Nouveau roman (Nathalie Sarraute, Alain Robbe-Grillet, Claude Simon…) qui vont le redécouvrir et définitivement le porter au pinacle en faisant de lui le représentant par excellence de la modernité en littérature : Flaubert devient alors « le premier en date des non-figuratifs du roman moderne » (Jean Rousset).

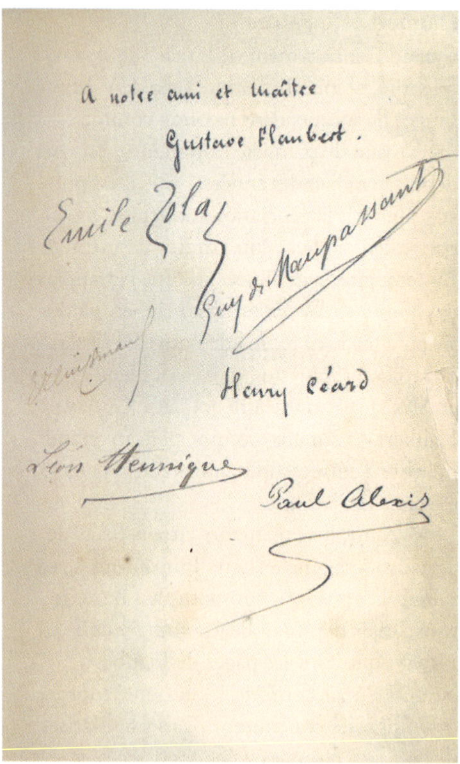

Page de dédicace de l'exemplaire des *Soirées de Médan* (1880) offert à Flaubert par les auteurs. L'ouvrage, que *Boule de suif* de Maupassant « écrase » et « dont le titre est stupide », d'après l'écrivain, est conservé dans la Bibliothèque patrimoniale Flaubert à Canteleu.

Filiations et inspirations littéraires

Raymond Queneau, Jorge Luis Borges, Georges Perec, Roland Barthes, Vladimir Nabokov et, plus près de nous, Pierre Michon, Éric Chevillard, Pierre Senges, Jean-Yves Jouannais ou Jean Échenoz notamment, reconnaissent explicitement l'importance qu'a revêtue pour eux la lecture des œuvres de Flaubert et l'influence qu'elle a exercée sur leurs productions et leur écriture personnelle. Par exemple, *Les Choses* (1965) de Perec entretient des liens évidents avec plusieurs romans de l'ermite de Croisset, et au premier chef avec *L'Éducation sentimentale*, par un système d'indices et de clins d'œil. Ainsi, au mur de l'appartement idéal de Jérôme et Sylvie est suspendue la gravure d'« un navire à aubes, la *Ville-de-Montereau* » qui est le nom du bateau sur lequel Frédéric Moreau quitte Paris à l'ouverture du roman de Flaubert. Perec a revendiqué ce patronage littéraire qui confine à une identification fantasmée : « il s'agissait sans doute d'un accaparement, d'un vouloir être Flaubert », a-t-il expliqué.

Certains écrivains ont formalisé l'« innutrition » qu'opère la lecture réitérée des œuvres flaubertiennes dans des textes critiques (préfaces, essais ou simples interviews) où ils exposent ce qu'ils doivent à leur devancier normand et comment cet auteur a influencé leur pratique personnelle de la littérature. Ce n'est pas pour autant qu'ils font ouvertement

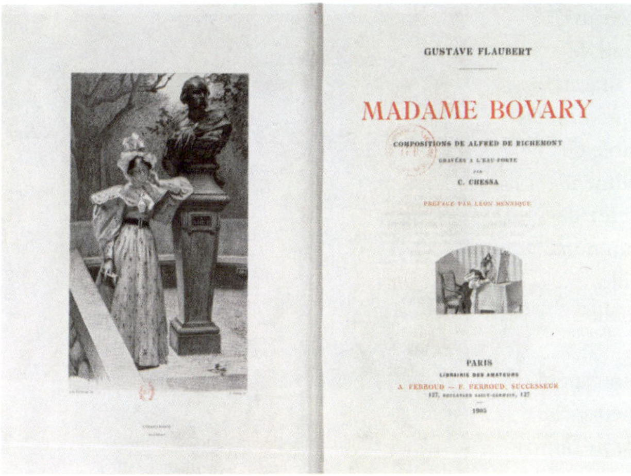

À gauche, frontispice d'Alfred de Richemont pour *Madame Bovary* (Paris, Ferroud, 1905), représentant Emma Bovary accoudée à un buste sculpté de Flaubert. À droite, couverture de l'édition originale anglaise du *Perroquet de Flaubert* par Julian Barnes (London, Jonathan Cape, 1984), roman atypique qui propose sa propre version du *Dictionnaire des idées reçues.*

allusion à lui ou à ses œuvres dans leurs propres créations. À l'inverse, d'autres se réfèrent à Flaubert de manière explicite et le font entrer dans leur univers fictionnel au détour d'une lecture suivie (voir l'exemplaire de *L'Éducation sentimentale* qui accompagne le narrateur pendant sa fuite devant l'avancée des Russes dans *Les Bienveillantes* de Jonathan Littell, 2006) ou lors d'une conversation entre personnages (comme dans *Waltenberg* d'Hédi Kaddour, 2005). D'autres ont recours à Flaubert pour penser le deuil d'un enfant et tenter de le surmonter (Olivier Frébourg, *Gaston et Gustave*, 2011) ou pour mettre en mots la douleur d'une séparation amoureuse transférée en une passion forcenée pour l'héroïne du roman-phare flaubertien (Alain Ferry, *Mémoire d'un fou d'Emma*, 2009). Et c'est parfois la vie même de l'écrivain qui devient la matière du roman, comme dans *Un automne de Flaubert* d'Alexandre Postel (2020). Tout en conservant une large fenêtre ouverte sur l'imaginaire, le romancier y propose le récit précisément documenté (faisant fond sur une lecture minutieuse de la correspondance et sur une connaissance fine des manuscrits et de la littérature critique afférente) des quelques semaines passées par l'écrivain à Concarneau en septembre et octobre 1875, alors qu'il se remettait lentement de la dépression causée par les déboires financiers de son neveu, en ébauchant *La Légende de saint Julien l'Hospitalier.*

Julian Barnes, quant à lui, a fait de son dialogue avec l'œuvre de Flaubert le sujet même d'un roman original et fascinant, à mi-chemin entre l'enquête policière et l'essai littéraire, intitulé *Le Perroquet de Flaubert* (1984). Effectuant un pèlerinage sur les lieux mêmes où vécut son auteur favori, le médecin anglais à la retraite Geoffrey Braithwaite s'étonne que deux musées différents (le musée d'Histoire de la médecine à Rouen et le Pavillon Flaubert à Croisset) puissent chacun exposer un perroquet censé être celui que Flaubert a eu sous les yeux pendant la rédaction d'*Un cœur simple*. Pour découvrir lequel des deux est le véritable Loulou, le narrateur mène l'enquête. Mettant au jour certains petits arrangements muséographiques avec la réalité (il est en effet impossible de savoir quel perroquet Flaubert a vraiment emprunté!), le limier britannique tente de cerner au plus près la vie de l'évrivain non sans dévoiler aussi, ce faisant, les failles et les mystères de sa propre personnalité.

Enfin, le canevas d'une intrigue flaubertienne a souvent été utilisé, transposé à une autre époque ou dans un milieu social différent, et c'est évidemment *Madame Bovary* qui a donné lieu au plus grand nombre d'expérimentations de ce type. On trouve ainsi une Emma travaillant dans le milieu de la télévision et de la publicité à la fin des années 1980 (Patrick Meney, *Madame Bovary sort ses griffes*) ou reconvertie en ménagère banlieusarde québécoise (Monique Proulx, « Madame Bovary »). D'autres reprennent l'histoire « exacte » mais la racontent en épousant le point de vue d'un personnage différent : Charles (Paul Giannoli, *Monsieur Bovary*; Jean Améry, *Charles Bovary, médecin de campagne. Portrait d'un homme simple;* Laura Grimaldi, *Monsieur Bovary;* Antoine Billot, *Monsieur Bovary*) et l'épouse du pharmacien (Sylvère Monod, *Madame Homais*) ; ou ajoutent à l'intrigue des personnages (par exemple des policiers dans *Contre-enquête sur la mort d'Emma Bovary* de Philippe Doumenc). Mais c'est bien sûr la pauvre Berthe, fille d'Emma et de Charles, orpheline envoyée « pour gagner sa vie, dans une filature de coton » à la toute fin du roman de Flaubert, qui a le plus stimulé l'imagination des écrivains et donné lieu à l'écriture de nombreuses « suites » (Maxime Benoît-Jeannin, *Mademoiselle Bovary*; Raymond Jean,

Léon Bonnat, *Rose Caron dans le rôle de Salammbô*, 1897, huile sur toile. En dépit du talent de la cantatrice, on reprocha au livret de faire de l'énigmatique fille d'Hamilcar « une amoureuse d'opéra ».

Mademoiselle Bovary; Claude-Henri Buffart, *La Fille d'Emma*).

Transpositions artistiques

L'œuvre de Flaubert exerce donc aujourd'hui encore une indéniable fascination sur les écrivains. Mais cet engouement ne se cantonne pas à la sphère de la littérature. D'autres arts ont été saisis par la puissance évocatoire inhérente à l'univers flaubertien qui se faisait déjà sentir du vivant de l'écrivain. En effet, Flaubert s'est toujours vivement opposé à l'illustration de ses œuvres : « Ah! qu'on me le montre, le coco qui me fera le portrait d'Hannibal. – Et le dessin d'un fauteuil carthaginois! Il me rendra grand service. Ce n'était guère la peine d'employer tant d'art à laisser tout dans

le vague, pour qu'un pignouf vienne démolir mon rêve par sa précision inepte», affirmait-il en 1862. Pourtant, quelques transpositions ont déjà été réalisées de son vivant, en particulier du roman *Salammbô*.
Il y a évidemment eu des productions de circonstance comme la revue parodique de Laurencin et Clairville, *Folammbo ou les cocasseries carthaginoises*, «pièce en quatre tableaux… de mœurs… carthaginoises en vers de plusieurs pieds, même plusieurs toises; émaillée de couplets, comme les vers boiteux, avec prologue en prose et d'un français douteux», représentée au théâtre du Palais-Royal en 1863. Mais surtout, et avant même la parution du roman, Ernest Reyer avait déjà pensé à l'adapter pour l'opéra. Flaubert donna son accord à ce projet et valida certaines étapes du livret rédigé par Camille Du Locle. Mais il ne put juger du résultat puisque la première représentation n'eut lieu qu'en 1890 à Bruxelles avec la soprano Rose Caron dans le rôle-titre – l'opéra obtint un grand succès.

Mais c'est surtout après la mort de Flaubert que se sont multipliées les adaptations de ses œuvres, opérant la transposition de certains romans dans d'autres arts : au cinéma, au théâtre ou encore en bandes dessinées. Ainsi, le dernier roman de Flaubert, posthume et inachevé, *Bouvard et Pécuchet*, a connu en 1990 une adaptation télévisuelle réalisée par Jean-Daniel Verhaeghe sur un scénario de Jean-Claude Carrière, particulièrement

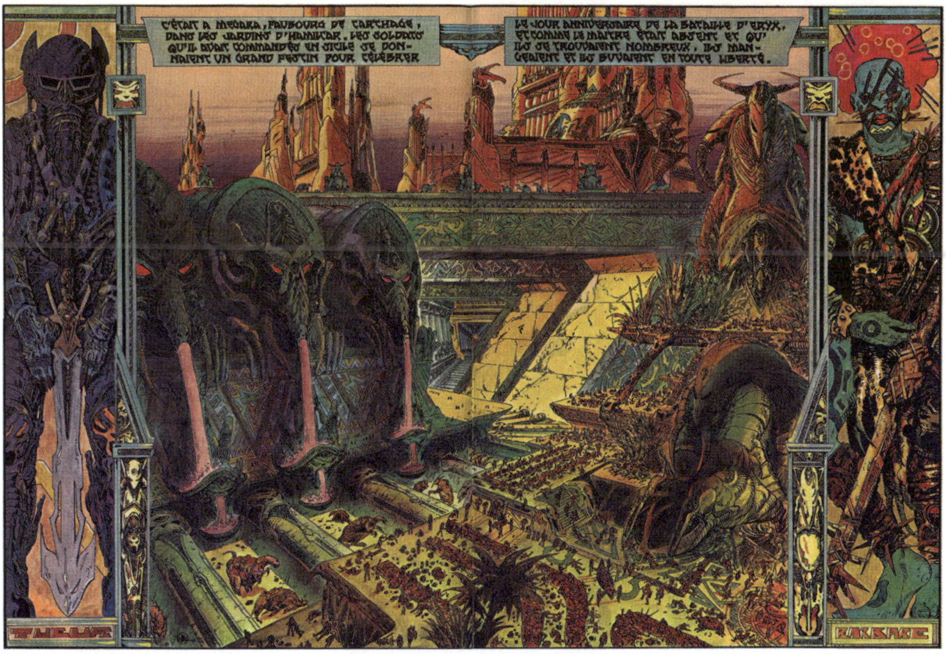

Philippe Druillet, planche d'ouverture de *Salammbô* (Éditions Glénat, 2010), réinterprétation de ce «monde étrange, inconnu, surchauffé de soleil, bariolé de couleurs éclatantes […], où se mêlent, aux émanations des parfums les vapeurs du sang», évoqué par Théophile Gautier à la parution du roman en 1862.

Affiche du film *Madame Bovary*, de Claude Chabrol, 1991. Après environ 1 300 000 entrées, le film fut nommé en 1992 aux Oscars dans la catégorie des meilleurs costumes et aux Golden Globes en tant que meilleur film étranger.

convaincante. Porté par les inoubliables acteurs Jean-Pierre Marielle et Jean Carmet, ce téléfilm illustre à merveille l'intrication, dans le roman, de la quête scientifique et d'une réflexion tendre et désabusée sur l'amitié et la finitude humaine – Marielle parlait à ce propos de la « désespérance pudique » de Flaubert. Plus récemment, les deux copistes ont fait leur réapparition sur les planches sous les traits de Jérôme Deschamps et Micha Lescot pour un *Bouvard et Pécuchet* (créé en octobre 2016) revu et corrigé par l'ancien auteur des « Deschiens ». C'est ici la veine burlesque du roman qui est privilégiée : les gags s'enchaînent à un rythme effréné et la mise en scène ingénieuse valorise tous les aspects mécaniques que comporte le roman. Il en résulte cependant que le questionnement des savoirs et du rapport de l'homme à ces savoirs est laissé de côté : dans cette truculente adaptation, les livres servent seulement de projectiles !

Parmi les très nombreux films tirés de *Madame Bovary*, l'un se présente comme une adaptation « d'une absolue fidélité » au roman : le film de Claude Chabrol, sorti sur les écrans en 1991. Le réalisateur affirmait en effet avoir eu « l'ambition, peut-être un peu folle, de faire ce film tel que Flaubert aurait pu le concevoir ». Sans compter la qualité des acteurs emmenés par Isabelle Huppert dans le rôle-titre, le film bénéficie d'une très belle photographie et d'un remarquable travail de reconstitution historique (décors, costumes, accessoires...). À noter que Chabrol n'a pas choisi Ry pour tourner les scènes en extérieur, ni même Forges-les-Eaux – qui revendique aussi d'avoir été le modèle d'Yonville –, mais Lyons-la-Forêt, dans le département de l'Eure.

Madame Bovary a aussi librement inspiré un remarquable roman graphique, *Gemma Bovery* (1999), fruit

Couverture du roman graphique *Gemma Bovery* (Denoël Graphic, 2001) qui démarque l'œuvre de Flaubert : s'il est toujours dangereux de la confondre avec la vie, la littérature évolue avec son temps. Gemma, ce n'est pas Madame Bovary !

Dans l'adaptation télévisuelle réalisée par Jean-Daniel Verhaeghe en 1990, Pécuchet (Jean Carmet) et Bouvard (Jean-Pierre Marielle) expérimentent les savoirs de leur temps, les uns après les autres, le plus souvent avec enthousiasme et un très grand sérieux.

du travail de la dessinatrice de presse, écrivaine et illustratrice britannique Posy Simmonds. Accompagnée de son mari Charlie, un ébéniste placide mais habile, Gemma quitte Londres pour s'installer dans un merveilleux coin de Normandie où elle commence par jouir des satisfactions que lui prodigue une existence simple et paisible. Son voisin, le boulanger Joubert, passionné de littérature, est rapidement fasciné par la jeune femme; il guette tous les indices qui pourraient faire de Gemma une nouvelle Emma. Et, effectivement, le paisible décor ne tarde pas à se fissurer : Gemma s'ennuie, prend successivement deux amants et meurt. Mais là où la bande dessinée se distingue radicalement du roman, c'est qu'il ne s'agit pas d'un suicide mais d'un accident absurde (Gemma s'étouffe en mangeant un morceau de pain) qui se produit alors que la jeune femme avait justement décidé de reprendre en main son destin. Cette transposition a elle-même fait l'objet d'une adaptation cinématographique fidèle par Anne Fontaine en 2014. Y donne la réplique à Gemma Arterton un vibrionnant Fabrice Luchini pour qui le rôle du boulanger Joubert semble avoir été écrit – par exemple lorsqu'il confie ses craintes à Gemma : « J'ai peur pour vous. Tout ce qui arrive à Emma… ça vous arrive à vous… Votre nom, vos amants, vos dettes… Je sais que ça paraît idiot, mais la vie imite l'art… »

De même que le roman graphique de Posy Simmonds cultive sa proximité avec l'œuvre de Flaubert tout en conservant de larges espaces de liberté, le dessinateur Philippe Druillet s'est emparé de *Salammbô* pour se réapproprier son histoire et la transposer

Bouvard et Pécuchet, mise en scène de Jérôme Deschamps, 2016. « Ah : le silence de la campagne : Quel bonheur », s'exclament les néoruraux Micha Lescot (Bouvard) et Jérôme Deschamps (Pécuchet)… avant de déchanter, interrompus par un insupportable tintamarre de bêlements et de bruits de la ferme.

dans son univers personnel. Les guerres puniques se déroulent ainsi dans le Monde de l'Étoile, sur une planète en plein chaos, vestige d'un empire galactique millénaire sur le déclin. Mathô, quant à lui, prend les traits du personnage fétiche de Druillet, Lone Sloane, venu se perdre dans la guerre pour l'amour d'une femme fatale.
Le graphisme fouillé, les couleurs agressives et les pages saturées rendent à merveille la violence des batailles et la barbarie des situations imaginées par Flaubert et transposées avec minutie par Druillet qui a choisi d'insérer dans les cases de longs extraits tirés du roman. Pour couvrir la totalité de l'œuvre, trois volumes de planches, qui ont d'abord paru dans les pages du magazine *Pilote*, puis dans *Métal Hurlant*, ont été nécessaires : *Salammbô* (1980), *Carthage* (1982) et enfin *Mathô* (1985). Ce monde de science-fiction, a priori fort éloigné de l'univers d'un roman historique portant sur l'Antiquité, révèle au contraire la dimension mythique du roman original, sa prégnance et son universalité. La bande dessinée a par ailleurs été adaptée en 2003, par Druillet lui-même, sous la forme d'un jeu vidéo intitulé *Salammbô : les périls de Carthage*.

Ces filiations et ces adaptations confirment la vitalité de l'héritage laissé par Flaubert qui confiait à George Sand en 1872 ne pas écrire « pour le lecteur d'aujourd'hui mais pour tous les lecteurs qui pourront se présenter, tant que la langue vivra ». Son souhait s'est réalisé au-delà de ses espérances.

La silhouette futuriste de l'impressionnant pont Gustave-Flaubert (pont levant d'une portée de 120 mètres et d'une hauteur totale de 86 mètres) inscrit durablement le nom du romancier dans l'espace même de la ville qui l'a vu naître.

Stéphanie Dord-Crouslé est chargée de recherche au CNRS (laboratoire IHRIM, Lyon).
Spécialiste de Flaubert, en particulier de la genèse de ses romans, elle a participé à la nouvelle édition des Œuvres complètes *de Flaubert dans la Bibliothèque de la Pléiade, dont les deux derniers volumes doivent paraître en mai 2021.*

Remerciements
L'éditeur remercie le département de la Seine-Maritime pour son soutien, en particulier,
Bertrand Bellanger, son président, et Patrick Teissère, son vice-président, ainsi que Pierre Bouho et Sandra Prédine-Ballerie.
Il remercie également les Archives départementales, la Bibliothèque municipale de Rouen et le musée Flaubert.
L'auteur remercie vivement Yvan Leclerc pour son aide précieuse.

Crédits photographiques
BMR = Bibliothèque municipale de Rouen
BNF = Bibliothèque nationale de France, Paris

Couverture
Georges Rochegrosse, *Cabinet de Flaubert à Croisset* (détail), 1874, aquarelle. © BMR (Flaubert E1 m 24).

Page de garde
Anonyme, *Maison de Croisset*, sans date, aquarelle sur carton (tronqué). © BMR (Flaubert E1 g 26).

Flaubert, écrivain normand
P. 2 © BMR (Flaubert E2P12); p. 4 © BMR (Flaubert E1 g 12); p. 5 © BMR (Flaubert E1 g 11); p. 6 © Rouen, musée Flaubert et d'Histoire de la médecine; p. 7 © BNF (NAF23664 f°1); p. 8 BNF; © BMR (Flaubert E1 g 09); p. 10-11 © Jean-François Lange / département de la Seine-Maritime.

L'enfant terrible de Rouen
Ouverture g et dh © J.-F. Lange / dép. de la Seine-Maritime; *db* © BMR (Flaubert F1-03); *dépliant volet 1* J.-F. Lange/dép. de la Seine-Maritime; *volet 2* © RMN-Grand-Palais/Agence Bulloz; *volet 3* BMR (Flaubert E1 g 0035); *volet 4dh* © Jean-Paul Dumontier / La Collection; *volet 4db* © BNF (NAF 23663, f° 75).

«Croisset sera toujours mon refuge»
Ouverture g © BMR (Flaubert E1 m 24); *dh* © BMR (Flaubert E1 m 23); *db* © BMR (Album Witz n° 6 – cl. 22265); *dépliant, volet 1h* © BMR (Flaubert F1-11); *volet 1b* © BMR (Flaubert Est. atl. 43-1-11-11); *volet 2h* © François Fernandez, Nice; *volet 2gb* coll. part.; *volet 2db* © BNF (Flaubert E2 p 24); *volet 3* © Archives dép. de la Seine-Maritime, Rouen (J1676); *volet 4* © J.-F. Lange / dép. de la Seine-Maritime.

L'écrivain au travail
Ouverture, g : © J.-F. Lange / dép. de la Seine-Maritime; *dh* © Archives dép. de la Seine-Maritime, Rouen; *dbg* © BMR (Flaubert F3-18); *dbd* © J.-F. Lange / dép. de la Seine-Maritime; *dépliant, volet 1g* © Éric Bénard, Rouen; *volet 1d* © BNF (NAF 23663 f° 293 v°); *volet 2g* © J.-F. Lange / dép. de la Seine-Maritime; *volet 2d* © BNF; *volet 3gh* © BMR (Ms mm-8-85); *volet 3dh* © BMR (Ms g222f°2); *volet 3b* © BMR (Flaubert F2 atl 13); *volet 4* © BMR (Ms g 221 f°1).

Et Ry devient Yonville, la Normandie d'Emma Bovary
Ouverture g © J.-F. Lange / dép. de la Seine-Maritime; *dh* © BMR (Ms gg 9 f° 16); *db* © BNF, dép. des Estampes et de la Photographie (TZ 725-4); *dépliant volet 1h* coll. part.; *volet 2h* © J.-F. Lange / dép. de la Seine-Maritime; *volet 2b* Archives dép. de la Seine-Maritime, Rouen; *volet 3g* © BNF; *volet 4h* © Véronique Hénon, Dép. de la Seine-Maritime; *volet 4b* © J.-F. Lange / dép. de la Seine-Maritime.

De Trouville aux falaises d'Életot
Ouverture g © Christie's Images / Bridgeman Images; *dh* © J.-F. Lange / dép. de la Seine-Maritime; *db* © musée Picasso, Antibes, legs Franklin-Groult / François Fernandez, Nice; *dépliant volet 1h* © musée villa Montebello, Trouville; *volet 1b* © J.-F. Lange / dép. de la Seine-Maritime; *volet 2h* © gallica.bnf.fr / Ville de Paris/Bibliothèque historique; *volet 2b* coll. part.; *volet 3h et 4h* © J.-F. Lange / dép. de la Seine-Maritime; *volet 3b* © BNF; *volet 4b* coll. part.

L'œil du voyageur
Ouverture g © Alamy / Cezary Wojtkowski; *dh* © coll. part., dépôt Galleria Nazionale di Palazzo Spinola, Gênes; *db* © gallica.bnf.fr / Ville de Paris/Bibli. hist.; *dépliant volet 1b, volet 2 gh et volet 3h* © BNF, dép. des Livres rares (RESFOL-O3B-73[1]); *volet 2dh* © Robert O. Dougan Collection, Gift of Warner Communications Inc., 1981 / The Met 150; *volet 2b* © Creative Commons; *volet 3gb* Luisa Ricciarini / Bridgeman Images; *volet 3db* akg-images / Pirozzi; *volet 4h* © akg-images, Sammlung Archives für Kunst und Geschichte; *volet 4b* © gallica.bnf.fr/Ville de Paris/Bibl. hist. (rés. Ms. 91).

Paris «la saison mondaine»
ouverture g et d © Paris Musées / musée Carnavalet – Histoire de Paris; *dépliant volet 1h et b* © BNF, dép. des Estampes et de la Photographie (réserve QB-370 [107]-FT4); *volet 2h* © Kharbine-Tapabor; *volet 2b* gallica.bnf.fr/Ville de Paris / Bibl. hist. (8-RES-0122); *volet 3h et 4gh* coll. part.; *volet 3b, 4b et 4dh* © BNF.

Les plaisirs flaubertiens de la table
Ouverture gh © akg-images / Erich Lessing; *gb* © www.meilleurduchef.com; *dh* © Benoît Bordier / Passion céréales; *db* © J.-F. Lange / dép. de la Seine-Maritime; *dépliant volet 1h* © Creative Commons; *volet 1b et volet 2h* © BMR (Ms g 227 f°23 et 28, nc); *volet 2b* © Roger-Viollet; *volet 3h* © BNF, dép. Arts du spectacle (4-RF-42343); *volet 3b* © J.-F. Lange / dép. de la Seine-Maritime; *volet 3h* © RMN-GP (domaine de Compiègne)/ Jean-Gilles Berizzi; *volet 3b* © musée Flaubert et d'Histoire de la médecine, Rouen.

Un héritage vivant
P. 12 akg-images / Album/Ruby Films; *p. 14* © bibliothèque patrimoniale Flaubert, ville de Canteleu; *p. 15g* © Archives Charmet / Bridgeman Images; *p. 16* © RMN-GP / Gérard Blot; *p. 17* © Éditions Glénat, 2010; *p. 18 h* © Bridgeman Images; *p. 19* © Jacques Prayer / Gamma-Rapho via Getty Images; *p. 20* : Vincent Prevost / hemis.fr.

Page de garde (ci-contre)
Charles Roufosse, *Portrait de Gustave Flaubert*, 1884, dessin © BMR (Flaubert E1 g 33).

Découvertes Gallimard
Collection conçue par Pierre Marchand et Élisabeth de Farcy
Directrice éditoriale des livres illustrés Nathalie Bailleux
Direction du partenariat Franck Fertille
Graphisme Hélène Arnaud
Presse Béatrice Foti, assistée de Coline Birette

Flaubert
Partenariat Madeleine Giai-Levra
Édition Laurence Peydro
Lecture-correction Jocelyne Moussart
Maquette Valentina Léporé
Cartographie EdiCarto
Fabrication Amélie Airiau
Photogravure Les Caméléons

Dépôt légal : février 2021 - Numéro d'édition : 376364 - ISBN : 978-2-07-293031-7

Imprimé en Italie par Cooperativa Lavoratori Zanardi